# 産業用ロボット Q&A 100問

白﨑 淳一郎 著

労働新聞社

# はじめに

　本書は、筆者が東京安全衛生教育センターで「産業用ロボット特別教育インストラクター講座」において受講者に配布しているものを、加筆・訂正したものである。

　質問は、同講座の受講生が行ったもので、回答は筆者が記載したものである。質問内容は多岐にわたるが、受講生の多くが日頃から抱いている疑問であり、これらは現に産業用ロボットを教示したり検査したり操作している人達にとっても共通する課題であると考えられる。

　この「産業用ロボット特別教育インストラクター講座」は、労働安全衛生規則に産業用ロボットの規定が追加され特別教育の対象となった昭和58年以降、約30余年経過し、その講座回数も150回を超えている。その間、その都度受講生には回答してきた。そして平成27年度から、代表的な質問100問を選抜し、その回答を配布することにしたが、過去のインストラクター受講生はこの配布物を手にすることができない。

　また、現に産業用ロボットを教示、検査等を行っている特別教育修了者もこの配布物を手にすることができない。

　そこで、労働災害防止のために、産業用ロボットの法令を中心とした質問内容と回答を広く知ってもらうことが重要であるということから、本書を発行することとした。

　なお、この回答部分は、すべて筆者の責任において記載されている。十分検討して回答したつもりではあるが、もし誤り等があれば、すべて筆者の責任であるのであらかじめお断りしておく。なお次回の発行があればその時に訂正させていただく。

　アイザック・アシモフは「ロボット工学3原則」で次のように述べている。

　第1条　ロボットは人間に危害を加えてはならない。また、その危険を看過することによって、人間に危害を及ぼしてはならない。

　第2条　ロボットは人間にあたえられた命令に服従しなければならない。ただし、あたえられた命令が、第1条に反する場合は、この限りでない。

　第3条　ロボットは、前掲第1条および第2条に反するおそれのないかぎり、自己をまもらなければならない。

　大変残念なことであるが、産業用ロボットによる労働災害は設置台数が大幅に増えていることもあり一向に減らない。本書が労働災害の防止の一助になれば望外の幸せである。

2016年5月　筆者

――― **Ⅰ　安衛法第59条第1項（雇入れ時教育）第2項（作業転換時教育）関係**

Q1．マニプレータから排出された製品を、マニプレータの範囲外で作業員が加工する場合、この作業員には教育不要ということで良いか？ ……………………………… 17

Q2．ロボットの可動範囲外での操作（教示でないと思われる）について、特別教育を受けていない者が、ロボットの原位置復帰操作（位置や速度修正ではない）だけを行った場合、違反行為になるのか？ ……………………………… 18


――― **Ⅱ　安衛法第59条第3項（特別教育）第2項関係（安衛則第36条を含む）**

Q3．以下の場合は、特別教育は不要か？
❶　柵の中に電源を切って入ることに徹する。／❷　柵の外からティーチすることに徹する。 ……………………………… 19

Q4．ロボットのメンテナンスや修理に関して、ロボットメーカー以外（外注業者）の立場の者が必要とする資格は、一般の定義としてロボットインストラクターという資格で良いのか？指針のようなものはあるのか？ ……………………………… 20


――― **Ⅲ　安衛則第36条第31号（教示等の特別教育）関係（一部第32号を含む）**

Q5．弊社では、ＰＬＣ（プログラマブルロジックコントローラ）、ベルトコンベア、カメラから構成されるパラレルリンクロボットを販売し、お客さまに対して特別教育を行っている。このパラレルリンクロボットは、あらかじめＰＣ上の専用ツールで動作プログラムを組み、ロボットにそのプログラムを転送し動作させているが、以下の疑問がある。
❶　この教示方式は、間接教示に該当するのか？／❷　作動領域の範囲説明としては、パラレルリンクロボットの動作範囲だけで良いのか？それとも、ベルトコンベアも含まれるのか？／❸　動作プログラムを組み込むときに使用する専用命令語（ファンクションブロック）の使用方法の説明は、教示の範囲に入るのか？ ……………………………… 22

Q 6. ❶ 自社のレーザー加工機は、3次元レーザー（6軸）、2次元レーザー（4軸）がある。3次元レーザーがロボットに分類されるのは理解できるが、2次元レーザーはX、Y、Z、B軸を持ち、3軸直交タイプでZ軸下に加工点を持つもので、これらは産業用ロボットに分類されるのか？／❷ また、スタッドボルトの溶接機は、X、Y軸を持ち、高さ方向はエアーのシリンダで自動的に定盤に置かれた鉄板にスタッドボルトを溶接しているが、このタイプも産業用ロボットとして分類されるのか？／❸ また、鉄板の定尺材3'×6'、4'×8'を自動的に供給し、加工の終了した定尺材を自動的に集積する前後装置もあるが、この機械も産業用ロボットとして分類されるのか？ ………… 24

Q 7. マシニングセンタ（工作機）は、なぜ産業用ロボットではないのか？ ………… 25

Q 8. 産業用ロボットの定義について、除外項目があるが、各項目はＡＮＤで考えるのか、それともＯＲで考えるのか？（例）❶3軸直角座標ロボット（80Ｗ、ストローク1,500mm）、❷1軸直動ロボット（800Ｗ）の場合はどうか？ そもそも、1軸直動ロボットは、「単調な動き」に該当するのか？ ………… 26

Q 9. 産業用ロボットの適用除外の件で質問が2点ある。安衛則第36条第31号の特別教育の対象外の機械として厚生労働大臣が定める機械の告示第3号があり、それに関して基発第340号（昭58.6.28）が示されている。その通達の記の3の（1）に次のようなことが書かれている。「（1）マニプレータの先端が移動できる最大の距離が、いずれの方向にも300ミリメートル以下のものであること。」

尋ねたいこと。❶ これは、X、Y、Z方向に対して伸び縮み±300mmという意味なのか？ それとも振れ幅で300mmという意味なのか？円筒座標、極座標の方は半径300mmだったので、±300mmと思っていたのだが、どちらなのか？／❷ また、移動範囲ＸＹＺ直方体の対角線の長さが300mmという可能性もあるのではないか？
………… 27

Q10. 直動アクチュエータを組み合わせて図のようなロボットを組み立てたが、この構造は産業用ロボットとして適用されるか？ ………… 28

Q11. 安全柵外での教示について、安全柵外で全ての教示作業が可能であるならば、人員の特別教育は必要ないと考えて良いか？ また、作業規程の作成、作業中の表示も不要となるか？（リモートティーチで可動範囲外から教示等を行う場合、特別教育は必要ないか？） ………… 30

Q12. 空圧シリンダの場合で、電動の場合の80Ｗに相当する規格を教えて欲しい。 …… 31

## Ⅳ 安衛則第36条第32号（検査等の特別教育）関係

Q13. ワークによって自動運転開始後に外部機器（産業用ロボットに非該当）の調整が必要となり、可動範囲内に入って調整作業をすることとなるが、その際の注意事項もしくは改善方策はあるのか？ また、作業員の特別教育は必要か？ ……………………………… 32

Q14. 設備内へ出入り（停止中）して以下の作業を行うのは、ロボット特別教育未修了者でも問題ないか？

❶ 操作盤にて、設備の動作確認を行う。／❷ 設備内へ入り、清掃を行う。／❸ ロボットがつかんだワークを外すためにワークを支える。 ……………………………… 33

Q15. メーカー側は、安全教育（特別教育）を受けていないオペレーターに対して受けさせる義務はあるか？ ……………………………… 34

Q16. 教示作業、検査作業を行う場合の特別教育実施の必要性について、これらの作業は、動力源ON、可動範囲内で作業（検査は運転中）は、特別教育を受けている必要があると思うが、以下の場合はどうなるのか？

❶ 制御電源OFFの状態で検査等を行った場合／❷ 制御電源ON、サーボ電源ON（ただし自動運転はしていない）の状態で検査等を行った場合 ……………………………… 35

Q17. 安衛則の体系図で、第36条第32号の「掃除、給油の作業を除く」について、具体的に知りたい。 ……………………………… 36

## Ⅴ 安衛則第37条（特別教育の科目の省略）関係

Q18. 特別教育のカリキュラムの組み方について、「教示」と「検査」の2つを同一人物に行う場合、法令の重複する部分などは省略可能とのことだが、どの部分をどのくらいの時間短縮して良いのか具体例があれば教えて欲しい。 ……………………………… 38

Q19. 安衛則第37条の特別教育の免除について、十分な知識および技能を有していると認められる労働者については省略できるとあるが、これは誰が判断するのか？ 部署内の責任者判断で良いのか？ また、省略した場合の記録の残し方はどうすれば良いか？ ……………………………… 39

Q20. 仕事内容が「教示」と「検査」にまたがる場合、どちらの講習内容で進めるのが良いか？ また、どうして作業を「教示」と「検査」に区分けしたのか？ ………………… 39

Q21. 教示教育と検査教育の対象者の範囲、区別はあるのか？ ……………………………… 40

Q22. 教育の規定時間について、実技に関して、実技（3時間）検査（4時間）は、ロボットが準備できない場合は、座学で代替可能か？ また、十分な経験のある作業者へは、事業者の判断で実技免除可能か？ ………………………………………………………… 41

Q23. 一部、安全衛生教育と同じような内容があるが、安全衛生教育を受けていれば、教育時間は短縮できるのか？ ……………………………………………………………………… 41

Q24. 教育時間について、教示および検査の教育を同時に行う場合、学科13時間、実技6時間の合計19時間で間違いないか？ ………………………………………………………… 42

---------   Ⅵ　安衛則第38条（特別教育の記録の保存）関係

Q25. 安衛則第38条について、「記録を3年間保存しなければならない」の3年間の定義はあるか？ ……………………………………………………………………………………… 43

Q26. 記録が残っていない場合、教育を行ったことを証明することができなくなるのか？
　　 ……………………………………………………………………………………………… 43

Q27. 事故が起こった場合、3年より前の記録は無効ということか？ …………………… 44

---------   Ⅶ　安衛則第39条（特別教育の細目）関係（特別教育規程を含む）

Q28. 弊社は製造メーカーの販売・設置等を行う代理店なので、産業用ロボットは顧客仕様で付けている程度である。いつもあるわけではないので、実技に関しては、どのようにしたら良いか。実技だけはどこかに依頼しても問題ないのか？ ……………………… 45

Q29. 安全衛生特別教育における実技教育を自社にて実施する場合、どのような方法でするのが良いのか分からない。私の所属部署では社内生産設備の設計・製作まで行っているが、現場で量産稼働中のロボットを停止させて実習を行うか、設備の製造段階で行うか、いずれかの方法が考えられるが、前者は生産計画や品質への影響が懸念されるし、後者も垂直多関節ロボットを使用した生産設備の製作頻度としては高いとはいえず、タイミングを合わせることが困難な状況である。自社の問題とは思うが、何かアドバイスをお願いしたい。 ………………………………………………………………………… 46

Q30. 特別教育では、ティーチングペンダントを使用して研修を実施すると思うが、実際工場にあるロボットがティーチングペンダントではなく、ＰＣ上でコマンド入力して操作する場合、社内で特別教育を行う際は、ティーチングペンダント未使用で研修を行っても良いか？特別教育を行う際の最低限整えなくてはならない環境条件を教示して欲しい。 46

Q31. 実技の講習は、市販されている産業用ロボットではなく、単軸のロボットを組み合わせて製作したＸ、Ｙ、Ｚのロボットでも構わないのか？ …………………………… 48

Q32. 安全衛生特別教育規程第18条「教示等」、同規程第19条「検査等」の「等」とは、それぞれ何があるのか？ ………………………………………………………… 48

Q33. インストラクターによって、カリキュラムの内容が違っても問題ないか？またカリキュラムの内容で外せないポイントはあるか？ ………………………………… 49

Q34. 会社（人事）の都合上等で、経験の浅い者がインストラクターになる場合の留意点等アドバイスが欲しい。 …………………………………………………………… 50

Q35. 実技を教えるに当たり、個人の能力によって教育（実技）内容を変える方がいいのか？それとも、皆同じ教育内容の方がいいのか？ また、個人により内容を変えたときは、記録に内容やレベルも記載すべきか？ …………………………………………… 52

Q36. 検査を教えるにあたって、メーカーに年次点検をしてもらっているため、社内に詳しく分かる者がおらず、どういう事項で何を教えれば良いか分からない。 ………… 52

Q37. 特別教育を行った後、個々の力量を確認する際テスト方式にしたいが、問題は各項目何問を目安にすれば良いか？（テスト以外での確認は、自分なりに行って良いか？） ………………………………………………………………………………… 53

# 目 次

## Ⅷ 安衛則第150条の3（教示等）関係

Q38. ダイレクトティーチでの具体的な安全対策を教えて欲しい。また、監視人なしでの作業が可能か？ ……………………………………………………………………… 54

Q39. 産業用ロボットへの電源接続に関して、装置にロボットを使用する場合、ロボットのON-OFFを制御盤に設けたメインコントローラにてON-OFFすることは問題ないのか？（装置運転準備でメインコントローラをONにして、ロボットの電源をONにする）
……………………………………………………………………………………………… 55

Q40. 以下の図のように、大物のワーク等でペンダントを持つ教示者が、見えない部分の補助としてB（特別教育修了者）を立たせたとき、Bは非常停止ボタン等のロボットを直ちに停止させるスイッチを持たなければならないのか？ ………………………………… 57

Q41. 教示作業中の監視人の配置について、教示作業を行うときは、必ず監視人を配置しないといけないか？ それとも必要に応じてなのか？ 根拠となる法令はあるか？ ……… 58

Q42. 教示や検査作業で、作業者が怪我を負うことがなくならない。無人のティーチングはどうしてできないのか？ ……………………………………………………………… 59

Q43. 教示の作業規程、作業前点検表の作成は、安全衛生事務局が行うべきか、現場の監督者に任せて良いか？（インストラクター講習で得た知識か、現場の熟知か） ………… 59

Q44. 作業規程の作成について、自社には「標準作業書」があるが、これで代用できるか？
……………………………………………………………………………………………… 60

Q45. 現在ロボットがない作業規程はどのように作成したら良いか？ ………………………… 61

Q46. 安衛則第150条の3第1項第2号について、作業者がティーチングペンダントを手にもって作業している場合、あるいは当該労働者を監視する者が、非常停止操作できる位置で監視する場合、同項の措置を講じているといえるか？ …………………………… 61

Q47. 可搬型操作盤によりロボットを操作しているときは、操作盤以外からのロボット操作ができないとあるが、これは、ロボットの操作盤を「リモート ― ローカル」のような操作ができないという認識でよろしいか？ …………………………………………………… 62

Q48. 安衛則第150条の3第1項第3号について、安全柵のドアのインターロックスイッチを抜いた状態（非常停止状態）で作業をしている場合、同項の措置を講じているといえるか？（第三者がインターロックスイッチを元に戻し、さらに起動スイッチを押そうと思えば押せてしまう） ……………………………………………………………………… 64

## Ⅸ 安衛則第150条の4（運転中の危険の防止）関係

Q49. ロボットの動作範囲にセーフティスイッチやセンサを設けた柵や扉を置くシステムは適切であるか？ その場合に、柵や扉の強度を考える必要はあるか？ ………… 65

Q50. 非常停止装置の動作回路について、安全確認回路（光カーテン等）では、安全条件がa接点となるが、非常停止回路はb接点としたいため、間にリレーを介さないとならない。プログラムによらない接続であるから、ソフトウエアを介していないと考えて良いか？ また、オムロンや松下産業等には、「セーフティリレー」なる製品があり、光カーテンやマットなどの入力を任意に組み合わせることができる。このような機器からの入力は非常停止装置として採用可能か？ ………………………………………………… 66

Q51. 安全柵は、ロボットの可動領域外に立てるとあるが、もし設置場所が狭くロボットの可動範囲に柵を立てなくてはならない場合、どのように対応すれば良いか？ 頑丈な柵にする、ソフト等にて可動範囲を限定してしまうなどの対応で良いか？ ……………… 67

Q52. 干渉領域の利用について、近年のロボットでは、当該範囲にロボットが進入したときに、自動的にロボットが停止する「干渉領域」を設定できることが多いが、この「干渉領域」によりロボットの可動範囲を制約し、安全柵の領域を狭めて良いか？ あわせて、電気的ストッパーとみなして良いか？ ……………………………………………………… 68

Q53. 可動範囲は、材料等を持った場合はどうなるのか？ ……………………………… 69

Q54. 安全柵の設置義務は事業主で、メーカー側にはないのか？ ………………………… 70

Q55. プラスチック成形業界における取出機（トラバース型ロボット）は、安全柵の設置や連続運転中の可動範囲内への進入を規制していないことが一般的であるが、インストラクターとして、どのように指導していくべきか？ …………………………………… 71

# 目次

Q56. 安全柵内での作業について、サーボ電源が遮断されていれば、ロボットの制御電源がＯＮであっても駆動源を遮断しているとみなして、特別教育を受けていない人員が安全柵内で作業して良いか？ ················································································ 72

Q57. 「可動領域」の定義は？ また、「可動範囲」との違いは？ ⇨ 安全柵の外側でも、ロボットが腕を伸ばして安全柵がなかった場合に届く範囲は、可動領域に含まれるのか？ また可動領域外で作業を行うＡは、教示をしても「教示」とは呼ばないのか？ ········ 73

Q58. 接触防止の対策として「省スペース」「低コスト」を主として考えたとき、「省スペース」対策にはリミットスイッチによる可動範囲の制限（１、２、３軸）を、「低コスト」対策には可動範囲外にロープを張る、出入り口に運転中立入禁止の表示（周知徹底）をする、というもので問題はないか？ ································································ 74

Q59. 可動範囲とは、通常動作している範囲のことか、もしくは動作できる最大の範囲のことか？ あわせて、安全柵で囲う範囲は最大可能範囲なのか、もしくは通常動作範囲で問題ないのか？ ········································································································ 75

Q60. ロボットと人が協調作業を行う際に、安全対策はエリアセンサやマットスイッチを使用するが、この場合、人を検知しているときは動作しないのは当然だが、電源遮断を行う等の規定はあるか？ ···························································································· 76

Q61. ロボットの可動範囲について ⇨ メガストッパーや電気ストッパーなどがある場合は、それによって制限された領域が可動エリアになると理解した。後者の電気ストッパーとは、どのようなものを指すのか？ ·········································································· 78

Q62. 弊社では、最近Ｆ社製の産業用ロボットを導入した。それが大変優れていて、稼働中に人が近づくと稼働している速度が自動的に遅くなり、産業用ロボットに人が触れると自動的に停止するという、究極の安全な産業用ロボットという触れ込みである。そのため可動範囲の外側に柵とか囲いを設置する必要がないのだが、産業用ロボットから手を離し、可動範囲から人が離れると、再起動の操作をしなくても自動的に動き出してしまう。これは、安衛則第150条の4に違反しないのか？ ················································· 80

Q63. リスクアセスメントをしなくても「さく又は囲い等」を設けなくてもよい場合があるということを聞いた。どういう場合か？ この場合、産業用ロボットに接近して、共同で作業できるということか？ ·································································································· 82

## X 安衛則第150条の5（検査等）関係

Q64. 修理およびメンテナンスを行う場合、安衛則では、2人以上で作業を行わなければならない等の規定はあるか？ ……………………………………………………………… 84

Q65. ロボットを組み込んだ装置を製作、立ち上げする業務が多いが、デバック等の非定常作業においても作業規程は必要か？ ……………………………………………………… 84

Q66. トラブル発生後の復旧手順書作成にあたってのポイントは？ ……………………………… 85

Q67. ロボットを清掃する際に必要なことは、「作業中である表示」のみで良いか？ …… 86

## XI 安衛則第151条（点検）関係

Q68. 非常停止ボタンについて、産業用ロボットが設置されている設備に関して、ティーチングペンダント以外で設備側に非常停止ボタンを取り付けることは「義務」なのか？ その場合、根拠となる法令はあるか？ ……………………………………………………… 87

Q69. 始業時の確認（点検）には、何か留意するポイントはあるか？
❶ 点検の頻度はどのくらいか（1回／日など）／❷ ロボットが24時間稼働の場合は？／❸ 物を掴むマニプレータの点検は、実荷重で行うのか？／❹ 点検と検査の違いは？ ……………………………………………………………………………………… 88

Q70. 安全防護機能の定期点検について、非常停止機能の確認のため、ライトカーテン、安全マット、ドア等の確認は「教示等」における作業前点検の一部と考えて良いか？… 89

## XII 産業用ロボット技術上の指針関係

Q71. 制動装置のないロボットの非常時の対策は、制動装置のあるロボットに比べて追加すべき事項はあるか？ また、制動装置のないロボットは、停電などの非常事態発生時に、直下あるいは付近にあるワークに損害を与えることが多いため、何か対策はないか？
…………………………………………………………………………………………… 90

Q72. ロボットを非常停止した場合、セオリーとして電源断を行うはずだが、設備の都合上（動作・構造）、非常停止と同時に電源断をしたくない。そこで、例えば非常停止から0.5秒後に電源断としたいが、これで安全対策上問題はないか？ ………………………… 92

Q73. 可動範囲に関して、最大可動範囲内に「電気的又は機械的ストッパーがある場合」とあるが、具体的にどのような状態のことをいうのか？ ………………………… 92

---------- XIII その他の安全関係（包括的指針等を含む）

Q74. インターロックは様々な種類のものがあるが、フェールセーフのものであれば、どれでも問題ないのか？ カテゴリー3、4等あるが、これでなくてはならないというものはあるのか？ ………………………… 94

Q75. 安全カテゴリの規定はあるか？ ………………………… 96

Q76. 安全対策を怠った場合の責任の所在はどこになるのか？ ⇨ コストダウンの名目で、客先から（安全）対策品等をなくすよう指示があった場合。 ………………………… 97

Q77. ロボットメーカーごとに、右手直交X、Y、Z座標軸計が異なるが、軸名称等も含めて、統一することは不可能なのか？（誤操作防止のため） ………………………… 98

Q78. 上肢が固定ガードの開口部から侵入する際の、安全距離についての考え方を知りたい。また固定ガードの高さについて定められている規定を知りたい。 ………………………… 99

Q79. 動作基準位置の確認方法は、座標表示の確認または原点表示ランプ点灯の確認で可能か？ ………………………… 100

Q80. ロボットの原点復帰時の干渉防止方法について教えて欲しい（例えば、いきなり停止して、わからずに原点復帰ボタンを押し、治具に干渉した等）。 ………………………… 100

---------- XIV その他

Q81. 特別教育実施時のインストラクターの責任に関して、教育を実施したインストラクターには事業者と同等の法令上の義務が生じるか？ ………………………… 101

Q82. インストラクターには法的拘束力があるのか？ ⇨ 資格を持っていない者がトレーニングをすることに対する罰則（の予定など）。

また、自社製以外のロボットに対しても教育は実施可能か？ ⇨ 操作方法は各メーカーによって異なるが、A社の人間がB社のロボットに対して教育をすることは可能か？ ……………………………………………………………………………………… 102

Q83. 作業規程書の保管場所について、作業者が見やすいように、制御盤等の身近な場所に保管するのか？（現在は取扱説明書を保管している）、別室の保管ロッカーでも問題ないか？ ……………………………………………………………………………………… 103

Q84. 工場内の安全等のローカルルールの周知方法は何が良いかアドバイスが欲しい。……………………………………………………………………………………… 104

Q85. 我が社では事故が起きるたびにルールが増え、安全の担当者や管理者であれば覚えることもできるが、開発や設計の担当者は、それ以外の業務も多く、たくさんのルールを覚えることは難しい。そのため、例えば実験エリアに関しては生産現場のルールとは分けた、簡単に守ることができ、覚えられる最低限の内容に変えたいが、この考え方は問題あるか？……………………………………………………………………………………… 104

Q86. ティーチングペンダントの保管管理に制限はあるのか？ 誰でも使えるようになっていて大丈夫か？ ……………………………………………………………………… 105

Q87. ISO12100とは？取得率は？ ………………………………………………… 106

Q88. 日本工業規格と国際規格、どちらで教育したら良いか？ ………………… 108

Q89. 教育の重要性を周知するために、法令・罰則等の詳細を知りたい。 ……… 108

Q90. 教育の内容が妥当であると判断できる指標・根拠はあるか？ …………… 110

---------- XV 教育・指導関係

Q91. 東京安全衛生教育センターの教育の案内文による、期待と共感を得るにはどうしたら良いか？ ……………………………………………………………………………… 111

Q92. 安全教育で態度教育を行いたいが、どうすれば良いか？また、態度教育は年齢によって変化させるべきか？ ………………………………………………………… 111

Q93. 教育については、個人と職場とを明確に分けてやったほうがよいのか？ ………… 112

Q94. 指導案の基本的構成を詳しく聞きたい。 ……………………………………… 113

Q95. 安全衛生教育の効率的な進め方についてのアドバイスが欲しい。 …………… 115

Q96. 安全教育に対する成果と効果の確認方法を教えて欲しい（理解度チェック表等の作成は必要か？）。 ……………………………………………………………………… 116

Q97. リフレッシュ教育は必要か？（教育の有効期間等の指針はあるか？）またこのインストラクターコースを受講した後、今後行える教育は「産業用ロボット」のみか？… 117

Q98. 今後、社内で特別教育をするに当たって、現在は講師が自分1人だが、2～3人で法令・知識・実技を分けて行った方がいいのか？ ……………………………………… 118

Q99. 現在、教育を行う際、本、パワーポイント、DVD、YouTubeのビデオを使用しているが、ほかに何か有効なツールはあるか？ …………………………………… 119

Q100. インストラクター用サンプル資料等はあるか？ ⇨ テンプレートがあり、それを各自の作業内容等にあわせ修正した方が、抜け等もなく合理的ではないのか？ ……… 119

**災害事例** …………………………………………………………………………………… 120

**資　　料** …………………………………………………………………………………… 126

**閑話休題**
- **1** ロボットの語源から ……………………………………………………………… 21
- **2** ガンダムは産業界で働けば産業用ロボットか ………………………………… 29
- **3** ロボット革命って何？ …………………………………………………………… 51
- **4** 縄張りに踏み込む場合は ………………………………………………………… 62
- **5** 人工頭脳の搭載は本質安全化といえるか ……………………………………… 77
- **6** 止める、呼ぶ、待つがやっぱり大切 …………………………………………… 93
- **7** からくり人形は産業用ロボットの原点 ………………………………………… 107

# I 安衛法第59条第1項（雇入れ時教育）第2項（作業転換時教育）関係

**Q1** マニプレータから排出された製品を、マニプレータの範囲外で作業員が加工する場合、この作業員には教育不要ということで良いか？

**A1.** 労働安全衛生規則（以下「安衛則」という。）第36条の特別教育の対象業務は、産業用ロボットの教示等の作業と検査等の作業を行う者に対してです。本件の場合、「マニプレータの範囲外」、つまり産業用ロボットの可動範囲外での作業と思われますので、特別教育は必要ありません。

しかしながら、加工業務に何らかの技術や安全対策が必要なら、新規採用者なら雇入れ時教育を（労働安全衛生法（以下「安衛法」という。）第59条第1項）、当該作業員にとって新規業務なら作業転換時教育（安衛法第59条第2項）が必要です。この場合、作業手順書によるＯＪＴ教育も必要かと思われます。

**Q2** ロボットの可動範囲外での操作（教示でないと思われる）について、特別教育を受けていない者が、ロボットの原位置復帰操作（位置や速度修正ではない）だけを行った場合、違反行為になるのか？

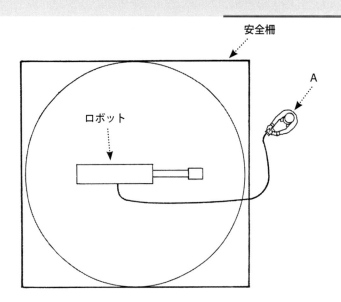

**A2.** 安衛則第36条第31号では特別教育の対象者は、可動範囲内において教示作業を行う者、および可動範囲外で教示作業を補佐する者に対してのみ行うと規定されており、本件（原位置復帰作業）は教示作業ではないことから、特別教育の対象外であり違反行為にはなりません。

しかしながら、例えば全くロボットの知識がないアルバイト等に対し、「ロボットがこの位置で止まっていたなら、このボタンを押して原位置復帰操作をしておいて」と頼んだ場合、当該アルバイトは不安ではないでしょうか。原位置復帰ボタンのほか多数の操作ボタンがついていたならどうでしょうか。特別教育を行えとまでは言いませんが、ロボットに関する基本的知識は雇入れ時教育や作業転換時教育等で実施すべきだと考えます。

なお、雇入れ時等の教育では、①機械等、原材料等の危険性又は有害性及びこれらの取扱い方法に関すること、②安全装置、有害物抑制装置又は保護具の性能及びこれらの取扱い方法に関すること、③作業手順に関すること、④作業開始時の点検に関すること、⑤当該業務に関して発生するおそれのある疾病の原因及び予防に関すること、⑥整理、整頓及び清潔の保持に関すること、⑦事故時等における応急措置及び退避に関すること、⑧以上のほか、当該業務に関する安全又は衛生のために必要な事項、を教育しなければなりません（安衛則第35条第1項）。

## II 安衛法第59条第3項（特別教育）第2項関係（安衛則第36条を含む）

**Q3** 以下の場合は、特別教育は不要か？
❶ 柵の中に電源を切って入ることに徹する。
❷ 柵の外からティーチすることに徹する。

**A3.**

**❶について**

安衛則第36条第31号本文カッコ書きには、「産業用ロボットの駆動源を遮断して行うものを除く」、同じく安衛則第36条第32号本文カッコ書きには「産業用ロボットの運転中に行うものに限る」との規定があります。

駆動源の遮断とは、①運転を停止させる、②一次電源を切る、③二次電源を切り駆動用モーターを止める、のほか④クラッチを切る場合も含みます。ただし、制御装置からの指令で自動的にクラッチの入る状態になっている場合は駆動源の遮断には該当しません。①～③が安全なのですが、④は産業用ロボットは運転中となっていますのでできれば避けたいのですが、通達ではこの場合も駆動源を遮断するに含むとしています。

第32号の「運転中に限る」とは、運転していない場合は特別教育は不要ということですが、運転中とはいかなる運転モードであろうとも、記憶装置の情報に基づき動く部分の原動機または制御装置のどちらか一方でも働いていれば運転中に該当します。またクラッチを切っているだけの場合も運転中となります。

以上のことから、教示、点検のいずれも、「電源を切る」が遵守されるなら特別教育は必要ありません。

**❷について**

安衛則第36条第31号本文では、産業用ロボットの可動範囲内において行う教示等の作業を行う労働者に対して、と規定しているので、可動範囲外での教示に徹すれば特別教育は必要ありません。

しかしながら、物理的に可動範囲内での教示等ができない構造なら問題はありませんが、可動範囲内でも教示等ができる構造の産業用ロボットの場合、人間の意志は弱いものです。ついつい中での教示をしないとも限りません。

また、生産性向上のためや成果を上げるためには、作業員には多能工化が求められますので、なるべく特別教育を実施して、人材を有効に活用する方が良いと考えます。

**Q4** ロボットのメンテナンスや修理に関して、ロボットメーカー以外（外注業者）の立場の者が必要とする資格は、一般の定義としてロボットインストラクターという資格で良いのか？指針のようなものはあるのか？

**A4．** インストラクターというのは、特別教育を行う講師に対する称号です。特別教育ではなく、上司あるいは同僚の立場でメンテナンスや修理に関していろいろ指図やアドバイスする人にまでインストラクターの資格の保持は求めていません。勿論、インストラクターの資格を持っている人がアドバイス等をするなら、それらのアドバイス等は権威のあるものになるので、持った方が良いとは思います。

実際に、可動範囲内においてメンテナンスや修理を行うのであれば、それは「産業用ロボットの検査、修理若しくは調整（教示等に該当するものを除く。）若しくはこれらの結果の確認」の業務となり、安衛則第36条第32号の特別教育の修了が必要となります。インストラクターの資格までは必要ありません。指針ではなく安衛法第59条第3項、安衛則第36条第32号です。

産業用ロボットの特別教育は、他の特別教育と一緒に記載されている「安全衛生特別教育規程」にカリキュラム等が記載されているのですが、この規程にはインストラクターのことについては記載がありません。

インストラクターの資格関係については、A81を参照してください。

# Q＆A

## 1 ロボットの語源から

　インターネットからの情報によると、ロボット（ROBOT）という言葉は、チェコスロバキアの作家カレル・チャペックが1920年に書いた戯曲『ロッサム・ユニバーサル・ロボット会社』で初めて使われたそうです。

　チェコ語の robota〔ロボータ，"work (hard work)，労働（強制労働），苦役" の意〕，およびスロヴァキア語の robotnik〔ロボトニーク，"worker，労働者" の意〕からヒントを得た造語だということです。いずれも労働、労働者という意味があるようです。

　なお、当作品に出てくるロボータは機械ではなく、"生きている" 化学物質を加工して様々なパーツを造り、そのパーツを組み合わせた創造物、つまりフランケンシュタインのような人造人間だったそうです。そして劇の内容は人間の代わりに工業内で働くロボットたちが最後には一致団結して、人間社会に対して反乱を起こすというものでした。反乱を起こす人造人間ということで、作者は意図していなくても、高度な人工頭脳を有していたと思われます。

　ロボットは確かに人間の労働力の代行者であり、危険、汚い、きついという３Ｋの職場で使用されるのが宿命ですが、私はロボットにも人権ならぬロボット権というものがあるのではないかと思います。ロボットだって人間を襲いたくない。でも、人間がロボットのテリトリー（縄張り）でロボットに与えられている使命（仕事）を妨害するなら、その生まれた劇のストーリーの経緯からも人間に反乱する宿命を負っているのではないかと思います。

　反乱ではなく、ロボットとの協働、それを実現するためにも、「声かけ運動」「指差呼称」等の安全活動をロボットとともに行う、そんな優しさもこれからは考えていかなければならないのではないでしょうか。

# III 安衛則第36条第31号（教示等の特別教育）関係（一部第32号を含む）

**Q5** 弊社では、ＰＬＣ（プログラマブルロジックコントローラ）、ベルトコンベア、カメラから構成されるパラレルリンクロボットを販売し、お客さまに対して特別教育を行っている。このパラレルリンクロボットは、あらかじめＰＣ上の専用ツールで動作プログラムを組み、ロボットにそのプログラムを転送し動作させているが、以下の疑問がある。
❶ この教示方式は、間接教示に該当するのか？
❷ 作動領域の範囲説明としては、パラレルリンクロボットの動作範囲だけで良いのか？それとも、ベルトコンベアも含まれるのか？
❸ 動作プログラムを組み込むときに使用する専用命令語（ファンクションブロック）の使用方法の説明は、教示の範囲に入るのか？

パラレルリンクロボット例1[※1]

パラレルリンクロボット例2[※2]

**A5.** ＰＬＣとは、小型のコンピュータの一種で、中枢には他のコンピュータと同じようにマイクロプロセッサが使われ、ソフトで動作する点も同じですが、ＰＬＣの動作の仕方は他のコンピュータとは異なり、リレー回路を原型としプログラムは、リレー回路を記号化したプログラミング言語が使われています。単純なON、OFFの機能を多数もち、可変シーケンス的な働きをすることができます。

❶　ＰＬＣによる教示が、ロボットの可動範囲内で行われるなら、教示になります。可動範囲外で行われても、教示になりますが、その場合特別教育の対象となる教示には該当しません。

　法令では「間接教示」という概念はありません。特別教育の必要のない教示をそのように指しているのかもしれませんが、一般的ではありません。

❷　パラレルリンクロボットはベルトコンベアの上に流れてくる物体の、異物の混入や同型のものを瞬時により分けたりするのに用いられていますが、ベルトコンベアはロボットの一部には該当しないと考えられます。なぜなら、ベルトコンベアをロボットに含めると、ベルトコンベア上にある製品等もロボットの一部になってしまうからです。

❸　ティーチングペンダントや外部操作盤を使用するときに、ソフトの説明やＸ、Ｙ、Ｚ軸（座標）の説明、ロボットのスピードの説明はしますが、その中で使われているプログラミング言語の説明まで特別教育では求めていません。その限りにおいてファンクションブロックの使用方法の説明は、特別教育の対象となる教示には該当しないと考えられます。

　しかし、可動範囲内で、把持する爪や指を人の手で教示し、それをプログラム言語にしていくとか、カメラの調整をしながらプログラムを作成するなど、ファンクションブロックの使用が、ティーチングペンダントの操作ボタンと同様の働きをする場合は、特別教育の対象となる教示等に該当する可能性は高いと考えます。

※１　ファナック株式会社製「FANUC Robot M-1iA」
※２　ABB製「IRB 360 FlexPicker™」

## Q6

❶ 自社のレーザー加工機は、3次元レーザー（6軸）、2次元レーザー（4軸）がある。3次元レーザーがロボットに分類されるのは理解できるが、2次元レーザーはX、Y、Z、B軸を持ち、3軸直交タイプでZ軸下に加工点を持つもので、これらは産業用ロボットに分類されるのか？

❷ また、スタッドボルトの溶接機は、X、Y軸を持ち、高さ方向はエアーのシリンダで自動的に定盤に置かれた鉄板にスタッドボルトを溶接しているが、このタイプも産業用ロボットとして分類されるのか？

❸ また、鉄板の定尺材3'×6'、4'×8'を自動的に供給し、加工の終了した定尺材を自動的に集積する前後装置もあるが、この機械も産業用ロボットとして分類されるのか？

## A6.

産業用ロボットとは、「マニプレータ及び記憶装置（可変シーケンス制御装置及び固定シーケンス制御装置を含む。以下この号において同じ。）を有し、記憶装置の情報に基づきマニプレータの伸縮、屈伸、上下移動、左右移動若しくは旋回の動作又はこれらの複合動作を自動的に行うことができる機械」とされています（安衛則第36条第31号）。

ただし、「定格出力が80ワット以下の駆動用動力源の機械」と「固定シーケンス制御装置の情報に基づきマニプレータの伸縮、上下移動、左右移動又は旋回の動作のうち、いずれか1つの動作の単調な繰り返しを行う機械」は産業用ロボットから除かれます（安衛則第36条第31号に基づく厚生労働大臣が定める機械　昭58.6.25告示第51号）。

単調な動きとは、自動プレスに材料を単に置くとか材料を取り出すとかのようなもので、産業用ロボットかどうかは、この告示に沿って厚生労働省労働基準局長が「当該機械に接触することにより労働者に危険が生ずるおそれがない」と認められなければなりません。その判断基準ですが、「マニプレータの長さ、最大の力、最大の速度、動作、駆動用原動機に定格出力、機械全体の構造、使用の目的・態様等を総合的に考慮」した上で決定されます（昭58.6.28基発第339号第3Ⅱ（4））。

その判断基準が、（昭58.6.28基発第340号）として示されています。

以上のことから、❶～❸について考えてみます。

❶は「X、Y、Z、B軸を持ち、3軸直交タイプでZ軸下に加工点を持つ」ということから、単調な動作の繰り返しとは判断されないので、産業用ロボットと判定されます。

❷は「X、Y軸を持ち、高さ方向はエアーのシリンダで自動的に定盤に置かれた鉄

板にスタッドボルトを溶接」するのは、水平運動プラス垂直運動があり、単調な運動とは認めがたいのでこれも産業用ロボットと判断します。

　❸はいわゆる材料の自動供給装置に該当する単調な動作と思われますので、産業用ロボットには該当しないと判断されますが、御社が勝手に判断するのではなく、都道府県労働局安全主務課に確認してください。勝手に判断して、特別教育を実施していないと行政指導を受けることがあります（特別教育未実施は罰則がついています）。

## Q7 マシニングセンタ（工作機）は、なぜ産業用ロボットではないのか？

**A7.** マシニングセンタとは水平主軸をもち、自動工具交換装置、工具マガジン、パレット割出装置、パレットチェンジャーを備えたＮＣフライス盤のことで、直交するＸ軸、Ｙ軸、Ｚ軸の他に、工作物を載せるパレットを割り出すＢ軸をもっています。工具の自動交換ができ、フライス加工を主とするものをマシニングセンタと呼び、主軸が水平になっているものを横形マシニングセンタ、主軸が垂直になっているものを立形マシニングセンタと呼んで区別しています。最近では、直交するＸ軸、Ｙ軸、Ｚ軸の他に、回転する軸、例えば、Ａ軸とＣ軸とをもつ５軸制御マシニングセンタが登場し、さらには、工作テーブルを高速で回転させ、主軸にバイトを取り付けて旋削ができるものや、フライス工具の代わりに研削砥石を使えたり、寸法計測用のプローブ（probe：探針）を搭載した機種も登場してきています。それだけでなく、フライス加工、旋削加工、研削加工だけでなく、レーザー加工のできる機種も誕生しています。

　このように、記憶装置の情報に基づき３次元の複雑な動きをするのですが、残念ながらマニプレータがないため、マシニングセンタは産業用ロボットに該当しないとされています。

**Q8** 産業用ロボットの定義について、除外項目があるが、各項目はAND で考えるのか、それともORで考えるのか？
（例）❶3軸直角座標ロボット（80W、ストローク1,500mm）、❷1軸直動ロボット（800W）の場合はどうか？そもそも、1軸直動ロボットは、「単調な動き」に該当するのか？

**A8.** 「安衛則第36条第31号の規定に基づき厚生労働大臣が定める機械を定める告示第3号の機械」（昭58.6.28基発第340号）で定めている判断基準はORと考えられます。

つまり、この通達に記載された1～5のどれかの項目に該当すれば、産業用ロボットには該当しない（適用除外とする）と解されます。言い換えれば、下記のその1～その5のタイプの産業用ロボットについて、それぞれの項目に該当していればよく、1～5の項目全てに該当しなくても産業用ロボットの規則の適用除外とするという意味です。

その1：円筒座標型の機械（極座標型または直交座標型に該当するものを除く）で、その可動範囲が当該機械の旋回軸を中心とする半径300mm、長さ300mmの円筒内に収まるもの。

その2：極座標型の機械（円筒座標型または直交座標型に該当するものを除く）で、その可動範囲が当該機械の旋回の中心を中心とする半径300mmの球内に収まるもの。

その3：直交座標型の機械（円筒座標型または極座標型に該当するものを除く）で、次のいずれかに該当するもの。
① マニプレータの先端が移動できる最大の距離が、いずれの方向にも300mm以下のものであること。
② 固定シーケンス制御装置の情報に基づき作動する搬送用機械で、マニプレータが左右移動および上下移動の動作のみを行い、マニプレータが上下に移動できる最大の距離が100mm以下のものであること。

その4：円筒座標型、極座標型及び直交座標系のうちいずれか2以上の型に該当する機械にあっては、上記1から3までに規定する要件のうち該当する型に係る要件に全て適合するもの。

その5：マニプレータの先端部が、直線運動の単調な繰り返しのみを行う機械

以上の基準に照らすと❶はストロークが1,500mmで300mmを超えているので適用除外にはなりません。❷はその5に該当するものと思われますので産業用ロボットの適用除外となります。なおA6記述のとおり、労働局への確認をお願いします。

## Q9

産業用ロボットの適用除外の件で質問が2点ある。

安衛則第36条第31号の特別教育の対象外の機械として厚生労働大臣が定める機械の告示第3号があり、それに関して基発第340号（昭58.6.28）が示されている。その通達の記の3の（1）に次のようなことが書かれている。「（1）マニプレータの先端が移動できる最大の距離が、いずれの方向にも300ミリメートル以下のものであること。」

尋ねたいこと。

❶ これは、X、Y、Z方向に対して伸び縮み±300mmという意味なのか？それとも振れ幅で300mmという意味なのか？円筒座標、極座標の方は半径300mmだったので、±300mmと思っていたのだが、どちらなのか？

❷ また、移動範囲ＸＹＺ直方体の対角線の長さが300mmという可能性もあるのではないか？

## A9.

昭和58年6月28日基発第340号はいわゆる産業用ロボットに該当しない機械を定めたものです。

その記の3（1）では、「マニプレータの先端が移動できる最大の距離が、いずれの方向にも300ミリメートル以下のものであること。」と記載しています。

この「いずれの方向」をどう理解するかですが、結論からすると文言どおり前後左右上下つまり「X、Y、Zのいずれの方向」と判断されます。当然ながら−X、−Y、−Zも含みます。

また、複合動作での前後左右上下の移動には当然、回転と伸び縮みと、振れが含まれると考えるのが自然です。したがって、マニプレータ先端の移動がいずれの場合であっても、300mm以下でなければならないと考えるべきです。なお、旋回させれば半径300mmという意味でもあります。

❶ 「移動」とは複合動作であることからマイナスを含めた「X、Y、Zのいずれの方向」という趣旨が、前後左右上下の運動が伸び縮みと振幅を含めたものであり、答えとしては両方を含むということになります。半径300mmの球体と考えてください。

❷ 次に、直方体の対角線の長さかということですが、X、Y、Zが300mmで対角線の長さを計算すると、1辺の長さが300mmの立方体の対角線の長さは、300の2乗＋300の2乗＋300の2乗＝270000の平方根＝519.615mmとなり、通達の適用除外を超えてしまいます。ということで直方体の対角線の長さではありません。

※立方体の対角線Lは1辺をaとすると、$L^2 = a^2 + a^2 + a^2$で計算した。

**Q10** 直動アクチュエータを組み合わせて図のようなロボットを組み立てたが、この構造は産業用ロボットとして適用されるか？

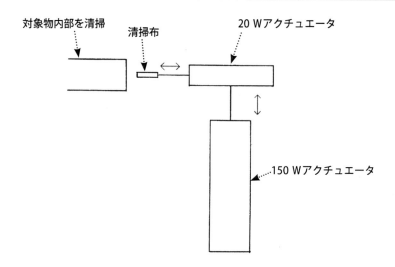

**A10.** アクチュエータ（力やトルクを発生させる機器）が油圧か空圧かは不明ですが、その動力源は80 Wを超えていて、X軸とY軸の動きをするので単調な作業ではないと判断されるため、産業用ロボットに該当するものと思われます。

　なお、図では移動する距離の記載が分からないのですが、固定シーケンスに該当すると思われるので、100mmを超えていればこれも産業用ロボットに該当します。

　ただし、固定シーケンス制御装置の情報に基づき作動する搬送用機械で、マニプレータが左右移動及び上下移動の動作のみを行い、マニプレータが上下に移動できる最大の距離が100mm以下のものは産業用ロボットの適用除外となります（昭58.6.28 基発第340号）。

　しかし、搬送用機械でなく、固定シーケンス制御装置の情報に基づき、マニプレータ自体は上下移動の単調な繰り返しを行い、かつ、他の部分が左右移動を行う場合には、マニプレータは上下移動および左右移動の2つの動作を行うものであり、安衛則第36条第31号の規定に基づく厚生労働大臣が定める機械の告示（昭58.6.25 告示第51号）第2号の機械(※)に該当しない（昭58.6.28 基発第339号第3のⅡ（3））という通達もあるので、この場合は産業用ロボットに該当します。

（※）第2号の機械：固定シーケンス制御装置の情報に基づき、マニプレータの伸縮、上下移動、左右移動または旋回の動作のうちいずれか1つの動作の単調な繰り返しを行う機械。

## 2　ガンダムは産業界で働けば産業用ロボットか

　ガンダムがもし産業界で働いたとしたら、産業用ロボットといえるでしょうか。マジンガーZならどうでしょうか？
　私はガンダムもマジンガーZも産業用ロボットには該当しないと考えます。なぜなら、ガンダムもマジンガーZもオペレーターがロボットの中に乗り込んで操作しているからです。その手足の動きはオペレーターの手足の動きと一体であり、いわばマジックハンド的であります。
　産業用ロボットとは「マニプレータ及び記憶装置（可変シーケンス制御装置及び固定シーケンス制御装置を含む。以下この号において同じ。）を有し、記憶装置の情報に基づきマニプレータの伸縮、屈伸、上下移動、左右移動若しくは旋回の動作又はこれらの複合動作を自動的に行うことができる機械」（安衛則第36条第31号）ですが、ここにいう「自動的に行う」とは、「人が操作するマニュアル・マニプレータは、本規則の対象にならない。」（昭58.6.28 基発第339号）という通達があります。いわゆるマジックハンドは人が操作するものであり、その動作は常に操作者の管理下にあり、従来の機械と異なる危険性の特質を備えていないからだとしています。
　では、鉄人28号はどうでしょうか。確かに無線操作（ラジコン）で一定操作者の管理下にはありますがその動きはマジックハンドとはいえません。その意味では鉄人28号は産業用ロボットに含めることができるかもしれません。
　鉄腕アトムは人工頭脳を持っていて人間の管理下にありませんので完全に産業用ロボットということができるでしょう。
　エヴァンゲリオンはかなり難しいですね。脳波に同調させて動かしているので、マジックハンドとはいえません。しかし特定の少年たちにしか操作できないことを考えてみると、産業用ロボットに含めるのはどうかなと思います。

**Q11** 安全柵外での教示について、安全柵外で全ての教示作業が可能であるならば、人員の特別教育は必要ないと考えて良いか？ また、作業規程の作成、作業中の表示も不要となるか？（リモートティーチで可動範囲外から教示等を行う場合、特別教育は必要ないか？）

**A11.** 安衛則第36条第31号の規定によれば、可動範囲内（安全柵の内側）で教示する場合は特別教育が必要と規定しています。言い換えれば（裏読みすれば）可動範囲外は必要ないということになります。また安衛則第150条の3でも同じく可動範囲内での教示作業では作業規程を作成し作業中の表示を行うことを求めていますが、裏読みをすれば可動範囲外での教示等の作業では何の措置も必要ないしなくても良い、ということになります。

　ただし、法令上そうなっているだけで、法定の特別教育をしないものの何らかの教育をしないまま高価な産業用ロボットの教示等をさせるのでしょうか？ 会社がそんな冒険的なことを許すはずがないと思います。何らかの教育をするためには作業手順書を作りＯＪＴでの教育をするものと思われます。

　作業中である旨の表示についても、操作盤は自分で教示操作をしているので必要ないかもしれませんが、電話があったり、ちょっとした打合せやトイレなどで席を外すこともあるのではないでしょうか。不在中に電源をONされ教示作業だけでなく産業用ロボットにも影響がでることも考えられます。やはり安全のため表示をしておくべきだと思います。

　ところで、実際問題として「可動範囲外で全ての教示作業が可能である」か、ということです。マニプレータの先のメカニカルハンドの微妙な動きをモニター等で教示できるなら別ですが、多くの場合やはり可動範囲内に立ち入って行わざるを得なくなることがあります。そういう場合でも対応できるよう特別教育は実施しておいた方が良いと考えます。

　たとえ法定の特別教育の対象ではなくても、より安全な作業のため、仲間や後輩のため奮闘していただくことを期待したいと思います。

### Q12　空圧シリンダの場合で、電動の場合の 80 Wに相当する規格を教えて欲しい。

**A 12.** 産業用ロボットの手・腕・足等を動かすためにはエネルギーが必要となります。そのエネルギーを産業用ロボットの動力源と呼び、一般に電気・空気圧・油圧の３種があります。空気圧源・油圧源であっても、もともとは一般に電気エネルギーによる電動機によって発生しています。したがって、この電動機の電気使用能力が判断する基準となります。

　ということで、空圧の場合はコンプレッサー（空気圧縮機）の電動機の能力で判断しています。

　なお、空圧のアクチュエータには、直動式（シリンダ）とロータリ型に分けられますが、いずれもコンプレッサーからの圧縮空気を利用しています。

## IV 安衛則第36条第32号（検査等の特別教育）関係

**Q13** ワークによって自動運転開始後に外部機器（産業用ロボットに非該当）の調整が必要となり、可動範囲内に入って調整作業をすることとなるが、その際の注意事項もしくは改善方策はあるのか？ また、作業員の特別教育は必要か？

**A 13.** 産業用ロボットとは、「マニプレータ及び記憶装置（可変シーケンス制御装置及び固定シーケンス制御装置を含む。以下この号において同じ。）を有し、記憶装置の情報に基づきマニプレータの伸縮、屈伸、上下移動、左右移動若しくは旋回の動作又はこれらの複合動作を自動的に行うことができる機械」です（安衛則第36条第31号）。これだけだとロボット本体だけを指しているようですが、シーケンスなどの制御部分やロボットを作動させるために必要な動力部や移動させる機構など協調動作してロボットとして機能させるものもロボット概念に含まれます。また、非常時に制動装置を作動させロボットを緊急停止させる非常停止装置もロボットを構成するものであり、したがって非常停止ボタンやそれを知らせる警報装置などもロボットの一部分として取り扱われています（中央労働災害防止協会 編「産業用ロボットの安全管理－理論と実践－」34～35頁）。

　そこで質問の外部調整器がロボットの動作に影響を与えるシーケンス等の制御装置と同様のものであれば、それは産業用ロボットの一部分であると解されます。可動範囲内で調整するなら、安衛則第150条の5の検査等（検査、修理、調整、掃除もしくは給油またはこれらの確認）に該当するので、当該作業に従事する者に対しては特別教育を実施しなければなりません。

　なお、外部機器は産業用ロボットに非該当の判断は、御社で勝手に行うのではなく都道府県労働局安全衛生主務課もしくは労働基準監督署での確認が必要です。

**Q14** 設備内へ出入り（停止中）して以下の作業を行うのは、ロボット特別教育未修了者でも問題ないか？
❶ 操作盤にて、設備の動作確認を行う。
❷ 設備内へ入り、清掃を行う。
❸ ロボットがつかんだワークを外すためにワークを支える。

**A 14.** 安衛則第36条第32号の本文カッコ書きに、「産業用ロボットの運転中に行うものに限る」とありますので、運転停止中の検査等の業務は特別教育の対象とはなりません。

なお、ここで規定する「運転を停止」するとは、運転停止のスイッチを切る、もしくは一次電源を切ることであり、クラッチを切った状態あるいはプログラム等でモーター等の動力源のスイッチを切っただけではダメです。

次に、❶の操作盤にて、設備の動作確認を行うですが、ロボットの運転を停止した状態で果たして動作確認ができるのでしょうか。確認のためには動力を繋がなければならなくなりますので、特別教育の対象業務となると思われます。

❷の清掃と給油については、安衛則第36条第32号の条文上は特別教育の対象に規定されていません。しかし、安衛則第150条の5の検査等には掃除もしくは給油が規定されていることに注意してください。なぜ掃除と給油が特別教育から除外されているかというと、これらの業務は、その内容からみて、雇入れ時教育または作業内容変更時教育で義務付けられた安全衛生教育（安衛則第35条）で、安全を確保するための教育上の要件は十分満たしているということから、特別教育は必要ないとされたからです（A 2参照）。

❸のワークを支える作業は、明確に記載されていませんが、ワークを支えるということは、運転を停止していなければできませんので、停止中の作業ということで特別教育の対象外とすることが可能と判断されます。ただし、単なる駆動源の遮断、特にクラッチを切っている場合は、❶とおなじく、特別教育の対象となります。

しかし、繰り返し述べましたが、安全な作業を行うには安全教育は不可欠です。折角教育するなら法定時間を満たした特別教育をした方が、作業者にとっても会社にとってもお互いに良いとは思いませんか。

**Q15** メーカー側は、安全教育（特別教育）を受けていないオペレーターに対して受けさせる義務はあるか？

**A 15.** 特別教育の実施義務者は当該労働者の所属する事業者です。したがって、メーカーは何の関係もありません。

なお、産業用ロボットの特別教育は、教示等と検査等の業務従事者のみでありオペレーターは特別教育の対象とはなっていません。産業用ロボットはスイッチ一つで自動運転するので、オペレーターには必要ないということからだと思われます。

しかし、A 14 でも述べたように、法令上必要ない者に対しても特別教育を実施した方が良いと考えます。

始業開始前点検者ですが、この点検は検査等に該当するので、検査等の特別教育が必要です（昭 58.6.28 基発第 339 号）。特別教育を実施する義務があるのは当該事業者であって、メーカー側にはありません。

なお、ユーザーの事業者から、特別教育を行ってくれと依頼されたら、有償か無償かは分かりませんが、実施するのは法的には問題ありません。しかし、インストラクター資格のない者が特別教育を行った場合の損害賠償等についてはA 82 を参照してください。

## Q16

教示作業、検査作業を行う場合の特別教育実施の必要性について、これらの作業は、動力源ON、可動範囲内で作業（検査は運転中）は、特別教育を受けている必要があると思うが、以下の場合はどうなるのか？

❶ 制御電源OFFの状態で検査等を行った場合
❷ 制御電源ON、サーボ電源ON（ただし自動運転はしていない）の状態で検査等を行った場合

## A16.

❶　制御電源とは、電動モーターを回すため、あるいはマニプレータを動かすための主回路の電源が100Vもしくは300Vであったときに、多くの場合24Vの直流の制御電源を別に設けて主回路を制御するためのものです。主回路電圧が高いと電源を入れたとき、主回路を制御する装置が故障しやすいため、制御装置だけを操作するための電源です。一般に制御電源がOFFの場合は、主電源もOFFとなっているのですが、問題は制御電源が何で制御されているかです。

制御電源のOFFを手動で行っていれば勝手にONとはならないので一次電源のOFFとなり特別教育の対象からはずれます。しかしながら、制御電源をPCとかプログラムで行っている場合は、異常電流等による誤操作、プログラムの書き換え等があるのでサーボ電源(※)と同様駆動源の切断にはならず、特別教育の実施が必要です。

❷　A56のとおり、駆動源の遮断とならず、特別教育の対象となります。

---

（※）サーボ電源：◆サーボの語源は奴隷。『命令に忠実に動くこと』という意味です。制御機構に忠実に動作するためには俊敏かつ、精度の良い動きが要求されます。サーボ機構は、
(1) 動きの命令部分（司令部）
(2) 命令通りにモータを動かす制御部分（サーボアンプ）
(3) 動きの状態を監視する検出器を持つモータ部分（サーボモータ）
の3点で構成されます。

◆サーボにはACサーボとDCサーボがあります。

交流モータ（ACモータ）を駆動する『ACサーボ』と直流モータ（DCサーボ）を駆動する『DCサーボ』があります。ACモータはDCモータに比べ制御が複雑であるため、従来はDCモータが主流でありましたが、制御技術の進展によりDCモータ以上の制御が可能となりました。

DCモータは一般にブラシ（整流子）付きのものが多く、これは効率がよく可変速運転ができ、しかも小型化もでき比較的安価なことで広く使われていますが、ブラシが接触摺動するため摩耗による寿命が短いという欠点があります。

このブラシの役割を電子回路に置き換えたものがブラシレスDCモータです。構造的には回転しているブラシレスDCモータのコイルには、変化する交番電圧（＝AC）がかかっていること

から、一般にブラシレスＤＣモータを新ＡＣモータと呼ぶようになりました。

本来の（旧）ＡＣモータは一般に外側にコイルに回転磁界を作り、これにより中央の磁石を回転させるもので、トルクはあるのですが制御がしにくい、小型化が難しいという欠陥がありました。

そこでブラシレスＤＣモータ＝新ＡＣモータがこの本来の（旧）ＡＣモータに替わって幅広く使用されるようになったのです。小型化・低価格が実現できたことなどから、現在では新ＡＣサーボが主流となっています。

ただ唯一の欠点はＤＣモータの得意分野であった逆回転が容易にはできなくなったということにあります。

なお、新ＡＣモータの返還電圧が正弦波のみをＡＣモータとしている企業と、台形波に近い波形のものもＡＣモータとしている企業があります。

## Q17 安衛則の体系図で、第36条第32号の「掃除、給油の作業を除く」について、具体的に知りたい。

**A17.** 体系図がどのようなものかは不明ですが、確かに安衛則第36条第32号には、「産業用ロボットの可動範囲内において行う当該産業用ロボットの検査、修理若しくは調整（教示等に該当するものを除く。）若しくはこれらの結果の確認（以下この号において「検査等」という。）（産業用ロボットの運転中に行うものに限る。以下この号において同じ。）又は産業用ロボットの可動範囲内において当該産業用ロボットの検査等を行う労働者と共同して当該産業用ロボットの可動範囲外において行う当該検査等に係る機器の操作の業務」が特別教育の対象であると記載されており、この検査等の業務には掃除、給油の記載はありません。言い換えれば除かれています。

一方、安衛則第150条の5の検査等には掃除もしくは給油の業務も含まれていることに注意してください。

これはＡ14でも述べたように、清掃、給油は産業用ロボットに特有の作業ではなく一般の機械でも行うことから、雇入れ時教育や作業内容変更時教育（安衛則第35条）で対応すべき措置であると考えたことによります（中央労働災害防止協会 編「労働安全衛生規則の解説―産業用ロボット関係―」42頁）。

ただし、安衛則第35条には清掃、給油の教育を行うという規定はありません。しかし、第1号の機械等、原材料等の危険性又は有害性及びこれらの取扱い方法に関すること、第3号の作業手順に関すること、第6号の整理、整頓及び清潔の保持に関す

ることが清掃及び給油の教育も含むと考えられます(特に安衛則第150条の5に規定する作業手順)。

　特別教育は必要ありませんが、清掃・給油作業を行うときは安衛則第150条の5が全面的に適用されますので、可動範囲内で行うときは原則として産業用ロボットの運転停止プラス起動スイッチへの施錠、作業中である旨の表示等の措置を講じなければなりません。

　なお、どうしてもロボットの運転中に掃除・給油をしなければならないときは、掃除・給油の作業規程(複数で行うときの合図、異常時における措置、再起動の措置等を含む)を作成し、非常停止装置を持たせるか非常停止装置を持った監視人を置き、当該作業中であること、運転切り替えスイッチ等の操作禁止の措置を講じなければなりません。

　また、可動範囲内で掃除・給油する場合で、ロボットを停止していない場合は、不意の起動も考えられるし、そのことを本人が気が付かないこともあるので、本人が非常停止装置を持っている場合であっても、監視人を必ず立ち会わせるという企業が少なくありません。

**Ⅴ 安衛則第37条（特別教育の科目の省略）関係**

**Q18** 特別教育のカリキュラムの組み方について、「教示」と「検査」の2つを同一人物に行う場合、法令の重複する部分などは省略可能とのことだが、どの部分をどのくらいの時間短縮して良いのか具体例があれば教えて欲しい。

**A 18.** 科目の省略根拠規定は安衛則第37条です。

例えば法令の科目の場合、教示等も検査等もそれぞれ1時間となっていますが、安衛則第150条の3、第151条は共通なのでその部分はどちらかで1回教えれば良いということになります。共通して教える項目は基本的に省略できます。

また、「産業用ロボットに関する知識」は、教示等では2時間以上、検査等では4時間以上となっていますが、4時間には2時間分が含まれると考えられますので、この分が省略できます。また実技教育の「産業用ロボットの操作の方法」はともに1時間以上ですが、内容が同じと考えられますので1時間は省略できるものと考えられます。

【教示等と検査等の特別教育を同時に行う場合】

| 科　目 | 範　囲 | 時間 |
|---|---|---|
| 産業用ロボットに関する知識 | 産業用ロボットの種類、制御方式、駆動方式、各部の構造及び機能並びに取扱いの方法、制御部品の種類及び特性 | 4時間 |
| 産業用ロボットの教示等の作業に関する知識 | 教示等の作業の方法、教示等の作業の危険性、関連する機械等との連動の方法 | 4時間 |
| 産業用ロボットの検査等の作業に関する知識 | 検査等の作業の方法、検査等の作業の危険性、関連する機械等との連動の方法 | 4時間 |
| 関係法令 | 法、令及び安衛則中の関係条項 | 1時間 |

実技教育
1．産業用ロボットの操作の方法　　　　　　1時間
2．産業用ロボットの教示等の作業の方法　　2時間
3．産業用ロボットの検査等の作業の方法　　3時間
※いずれも時間は以上で、最低限の時間を規定しています。

**Q19** 安衛則第37条の特別教育の免除について、十分な知識および技能を有していると認められる労働者については省略できるとあるが、これは誰が判断するのか？ 部署内の責任者判断で良いのか？ また、省略した場合の記録の残し方はどうすれ良いか？

**A19.** 安衛則第37条の主語は事業者です。したがって事業者が判断します。事業者は部署内の責任者に判断する権限を委譲することはできますが、権限を委譲したからといって安衛法第122条の両罰規定により、責任を免れることはできません。

　十分な知識および技能を有する場合とはどういう場合かについては、昭48.3.19基発第145号通達があります。それは、①特別教育より上位の資格を有していること、②他事業場ですでに特別教育を修了していること、③職業訓練校で訓練を受けたこと、のどれかです。

　なお、産業用ロボットの作業には、免許・技能講習はなく特別教育の上位の資格にあたるのは、産業用ロボット特別教育インストラクターしかありません。したがって、インストラクター修了者も特別教育が省略できます。

　省略した場合は、どういう理由でどの科目を省略したかの記録をし、3年間保存することが求められています（安衛則第38条）。

**Q20** 仕事内容が「教示」と「検査」にまたがる場合、どちらの講習内容で進めるのが良いか？ また、どうして作業を「教示」と「検査」に区分けしたのか？

**A20.** 「教示」と「検査」にまたがる場合、両方の内容の講習内容で進めてください。ただし、重複するところは講習の一部免除が可能です。A18の回答を参照してください。

　「教示」と「検査」の区分けですが、「教示」等とは、プレイバック型の産業用ロボットに接近してマニプレータの動作の順序等を設定し、または変更し、その確認を行う作業をいい、「検査」等とは、一定期間ごと、あるいはトラブル等が生じたときに、作動状態の点検・確認、マニプレータの位置の調整、修理とそれらの確認作業をいい、掃除、給油も含まれますが、特別教育の対象にはしないとされています。そして検査

時にマニプレータ等の再教示が必要になった場合は「教示」作業に含めるとしています（安衛則第36条第32号本文カッコ書き）。

　なぜ区分したのかですが、明らかに作業が異なるということと、多くの企業では教示者と検査者で担当が異なるので別個に特別教育をする必要がある、ということによるらしいとのことです（明確な証拠文献は探せませんでした）。

　特別教育規程では、教示より検査の方が実技も含めて教習時間が長いのですが、一般にデリケートな教示を行うような場合は、かなり高度な教育をする必要があるので、「教示業務には検査等の業務歴○○年以上必要」としている企業もあります。

## Q21　教示教育と検査教育の対象者の範囲、区別はあるのか？

**A 21.** 教示教育は教示者に対して安衛則第36条第31号に基づく教育を、検査教育は検査者に対して安衛則第36条第32号に基づく教育を行うものです。その違い等はA20で述べたとおりです。

【参考】

　中央労働災害防止協会 編「産業用ロボットの安全必携－特別教育用テキスト－」の第1編『産業用ロボットに関する知識』と第4編『関係法令』は両教科に共通ですが、第2編『産業用ロボットの教示等に関する知識』は教示の教育で、第3編『産業用ロボットの検査等に関する知識』は検査の教育で行ってください。

## Q22

教育の規定時間について、実技に関して、実技（3時間）検査（4時間）は、ロボットが準備できない場合は、座学で代替可能か？ また、十分な経験のある作業者へは、事業者の判断で実技免除可能か？

**A 22．** 実技は座学（学科）で代替することはできません。そもそも産業用ロボットがないのになぜ特別教育が必要なのですか。もし御社が自動車教習機関等で実技用の産業用ロボットがないまま、特別教育を実施しているなら、「学科講習」のみの（限定）修了書を交付し、実技教育は自社に戻り所定の時間教育して欲しい旨明確にしてください。

特別教育の教科の一部免除は、他社で特別教育を受けたか上位の資格として産業用ロボット特別教育インストラクターの資格を持っているか、職業訓練校で学んだ者かのいずれかです（昭47.9.18基発第601号の1）。

特別教育も受けずに、十分な経験があるとして作業させたなら、安衛法違反行為を行っていたということになります。労基署にどう申し開きができますか？ 実技の免除はできません。

## Q23

一部、安全衛生教育と同じような内容があるが、安全衛生教育を受けていれば、教育時間は短縮できるのか？

**A 23．** どのような安全衛生教育を指しているのかは不明でお答えしようがありません。しかしながら、仮に法令などは同じような内容のものがあったとしても、その方が労働基準監督官のようにその道のプロならいざ知らず、人間は忘れる動物ですから大丈夫でしょうか。

私も、毎回いろいろな講座を担当していますが、教える講座が異なればその内容も異なります。同じ講座でも、法令、通達が変わり、技術の進化がありそれらを取り入れているため毎回同じではないのです。ましてや、講師が異なれば大きく違い、新たな発見、学習事項も見つかります。

他社で産業用ロボットの特別教育を受けた以外は、教育時間の短縮はやめた方が良いと思います。

**Q24** 教育時間について、教示および検査の教育を同時に行う場合、学科13時間、実技6時間の合計19時間で間違いないか？

**A24.** 学科は「産業用ロボットに関する知識」4時間以上、「産業用ロボットの教示等の作業に関する知識」4時間以上、「産業用ロボットの検査等の作業に関する知識」4時間以上、「関係法令」1時間以上で学科合計13時間以上です。

実技は「産業用ロボットの操作の方法」1時間以上、「産業用ロボットの教示等の作業の方法」2時間以上、「産業用ロボットの検査等の作業の方法」3時間以上で合計6時間以上です。

つまり学科、実技合計19時間以上となります。なお、以上がついていることに留意してください（A18参照）。

## Ⅵ 安衛則第38条(特別教育の記録の保存)関係

**Q25** 安衛則第38条について、「記録を3年間保存しなければならない」の3年間の定義はあるか?

**A25.** 期間の定義は、民法第138条に「期間の計算は、法令若しくは裁判上の命令に特別の定めがある場合又は法律行為に別段の定めがある場合を除き、この章の規定に従う」とされ、安衛法の期間の計算も原則はこの民法の規定の適用を受けます。

そこで期間の起算点ですが、「日、週、月又は年によって期間を定めたときは、期間の初日は、参入しない。」(民法第140条)があり、これによると特別教育を実施した日の翌日から3年間ということになります。

しかし、民事の損害賠償等の消滅時効は10年間ですので(民法第167条第1項)、反証するためには、3年間ではなく10年間の保存をお勧めします。

**Q26** 記録が残っていない場合、教育を行ったことを証明することができなくなるのか?

**A26.** 記録の証明で問題になるのは、民事と刑事の場合では異なります。民事の場合はA25で述べたように消滅時効は10年間ですので、実施したということが立証できない限り裁判では敗訴になる可能性があります。

刑事では多くの場合、問題にするのは労基署だと思います。特に安衛法第59条第3項の特別教育の実施は、安衛法第119条第1項、第122条により6月以下の罰金または50万円以下の罰金という罰則が適用されていますので、この件で起訴するということは、おそらく特別教育未実施者が死亡もしくは重篤な災害に被災したということが予想されます。

労基署が刑事事件にするというときには、被災者の同僚からの事情聴取とか、本人

の作業の仕方、その他の事情や証拠等を把握し、特別教育が実施されていないことを事業者が知りつつあえて業務させたと確信したからこそ行うので、この場合は記録が残っていなければ、おそらく送検は免れないものと思います。

　ただし、3年以上前に特別教育を実施したが、その記録が残っていない場合は、労基署はよほどのこと（明らかに特別教育を実施していないことが周囲の同僚も知っているとか、事業者が未教育であることを認識しつつあえて業務に就かせたとか）がない限りそれ以上追及しないと思われます（日頃、労基署とどのような付き合い方をしてきたかも意外と大事です。ブラック企業で目を付けられているとか、是正勧告等を受けたが無視あるいは後ろ向きの態度などいろいろあります）。

　いずれにしろ、特別教育の実施記録だけでなく定期自主検査や始業点検などの記録はできるだけ電子媒体（改ざんしにくい形で）にして残しておくことをお勧めします。

**Q27**　事故が起こった場合、3年より前の記録は無効ということか？

**A27.**　A25、26で述べたように、記録の保存義務は3年間ですので、3年前に本当に実施していれば労基署はとやかく言わないと思います。しかし問題にする場合の多くは、死亡重篤災害なので、痛くない腹を探られたくないのなら、電子データで記録を管理するとか、特別教育実施時に修了証を発行するのが良いと思います。本人が修了証を滅失した場合も一緒に受講した人は持っている可能性が高く、その人に一緒に受講した旨を証言してもらえると思います。

　なお、電子データの場合改ざんが可能のように思われますが、ＬＯＧ（記録）が残りますので、証拠となり得ます（できるだけ電子化された改ざんできない記録（スキャナで読み込んでＰＤＦ化するなど）の方が望ましいです）。

## Ⅶ 安衛則第 39 条（特別教育の細目）関係（特別教育規程を含む）

**Q28** 弊社は製造メーカーの販売・設置等を行う代理店なので、産業用ロボットは顧客仕様で付けている程度である。いつもあるわけではないので、実技に関しては、どのようにしたら良いか。実技だけはどこかに依頼しても問題ないのか？

**A 28.** 実技については、安全衛生特別教育規程には特段の記載はありません。また産業用ロボットの特別教育の規定についても特段の通達はありません。

規定も通達もないため、実技教育の仕方は、東京・大阪安全衛生教育センターの産業用ロボット特別教育インストラクター講座で学んだ方法が一番ベストだと思われます。

したがって、教示者、点検者が確実に安全に当該作業ができるよう、使用している産業用ロボットと同型機種のものであれば、どこで実技を行っても差し支えないと考えられます。その場合は、どんな資格の者が、どんな作業について何時間実技教育をしたかの記録をもらうことを忘れないでください。

最近では、大手の産業用ロボット製造メーカーが販売した、あるいは納入した同型機を使用しての実技教育をサービスで行っているところもあるようなので、製造メーカーあるいは販売代理店を通じて、確認してください。

**Q29** 安全衛生特別教育における実技教育を自社にて実施する場合、どのような方法でするのが良いのか分からない。私の所属部署では社内生産設備の設計・製作まで行っているが、現場で量産稼働中のロボットを停止させて実習を行うか、設備の製造段階で行うか、いずれかの方法が考えられるが、前者は生産計画や品質への影響が懸念されるし、後者も垂直多関節ロボットを使用した生産設備の製作頻度としては高いとはいえず、タイミングを合わせることが困難な状況である。自社の問題とは思うが、何かアドバイスをお願いしたい。

**A 29.** 特別教育は何のために行うのかというと、労働災害防止のためであり本人の安全確保のためであります。ということは、特別教育を受ける人が安全に作業してもらうためにはその方が実際に使用するであろう産業用ロボットで実技教育をすべきだと考えます。ベテランは、とかく理屈は同じだから、たぶん応用してやってくれるだろうという思い込みがありますが、それが新規作業者の労働災害を招いているという実態をもう一度思い起こしてください（人の命は地球よりも重いのです。人の命より重要な機械や作業などありません）。

**Q30** 特別教育では、ティーチングペンダントを使用して研修を実施すると思うが、実際工場にあるロボットがティーチングペンダントではなく、ＰＣ上でコマンド入力して操作する場合、社内で特別教育を行う際は、ティーチングペンダント未使用で研修を行っても良いか？特別教育を行う際の最低限整えなくてはならない環境条件を教示して欲しい。

**A 30.** 特別教育のカリキュラムは安全衛生特別教育規程に示されています。学科については中央労働災害防止協会編の「産業用ロボットの安全必携－特別教育用テキスト－」（以下「特別教育用テキスト」という。）を使用するとよいでしょう。教示の場合ですが、①「産業用ロボットに関する知識」で、範囲としては「産業用ロボットの種類、各部の機能及び取扱いの方法」が２時間以上となっています。特別教育用テキストの「第１編　産業用ロボットに関する知識」の部分を説明します。説明（講義）するためには、

指導案を作成し、写真等必要な教材も用意します。

次に②「産業用ロボットの教示等の作業に関する知識」で、範囲としては「教示等の作業の方法、教示等の作業の危険性、関連する機械等との連動の方法」が4時間以上となっています。特別教育用テキストの第2編「産業用ロボットの教示等の作業に関する知識」の部分を説明します。わずか50頁を4時間かけて講義しろといっても、最初は時間が余るかもしれません。その場合は、インストラクター講座で配布された各種資料、特に「産業用ロボットの安全管理－理論と実際－」（中央労働災害防止協会 編）で補強していくことが肝要です。

③の「関係法令」の範囲は「法、令及び安衛則中の関係条項」が1時間以上となっています。特別教育用テキストの第4編「関係法令」の説明となるのですが、条文だけの説明は単調になり分かりにくいので、「安全と健康」2009年2月号（中央労働災害防止協会発行）掲載の『産業用ロボットによる災害防止対策』と、「産業用ロボットの使用等の安全基準に関する技術上の指針」（昭58.9.1 技術上の指針公示第13号）の必要な箇所、それと災害事例を話すとあっという間に1時間は経過します。

次に実技です。①産業用ロボットの操作の方法が1時間以上、産業用ロボットの教示等の作業の方法が2時間以上となっています。これらの実技は通常安衛則第150条の3に定める作業手順書に基づいてOJTで行われます。この手順書は当該ロボットに関する手順書ですので、ティーチングペンダントを使用しない操作盤タイプならその手順書が記載されているはずです。あえて使用しない教示方法は記載されていません。ですからティーチングペンダント未使用で研修を行ってもよいことになります。

特別教育をなぜ行うのかというと、当該作業者の安全作業のためです。当該作業に関係のないことを教える必要はありません。

ただし、新規にティーチングペンダントを使用する産業用ロボットを導入した場合は改めてその部分の特別教育を行う必要があります。その場合は十分な知識と能力がある人が学科と実技の教育を行ってください。

なお、折角追加の教育を行うなら、併せて能力向上教育も行うとブラッシュアップになります。

**Q31** 実技の講習は、市販されている産業用ロボットではなく、単軸のロボットを組み合わせて製作したX、Y、Zのロボットでも構わないのか？

**A 31.** 自動車教習機関等産業用ロボットを持っていない企業が産業用ロボットの特別教育を行うケースが増えてきました。法令上は差し支えないのですが、自ら産業用ロボットを持たない場合は、学科教育のみの修了証を発行し、実技教育は受講生のそれぞれの企業に戻ってから行うというのが一般的でした。

しかしながら受講生の企業から、簡単な実技教育も実施して欲しいという依頼にも一定程度応えざるを得ないという状況も分からないではありません。

ということで、単軸のロボットを組み合わせてX、Y、Z方向に可動するロボット（以下「自社ロボット」という。）を製作してこれによる実技教育を行うことが認められるかということですが、どのように組み合わせるかは不明ですが、イメージ的にはシーケンスロボット的になるものと思われます。

その場合、マニプレータが300mm以上動けば原則的には産業用ロボットに該当するのでこれによる実技は可能と思います。

しかしながら、特別教育実施の趣旨は当該作業者の安全のためにあります。当該作業者がプレイバック型や知能ロボットを使用しなければならないときに、それ以外のロボットでの実技教育を受けて、果たして役に立つでしょうか。

自社ロボットでの実技教育が絶対に不可という訳ではありませんが、修了証を交付するときは、自分の会社のロボットでの実技教育を必ず受ける旨、申し添えるべきだと考えます。できれば修了証にもその旨の記載があると良いと思われます。

労働災害が発生すると、労基署はクリアできますが民事での損害賠償が教育機関にも提起されることがあるからです。

**Q32** 安全衛生特別教育規程第18条「教示等」、同規程第19条「検査等」の「等」とは、それぞれ何があるのか？

**A 32.** 安全衛生特別教育規程第18条「教示等」は安衛則第36条第31号の「教示等」と

同じです。具体的には、マニプレータの動作の順序、位置もしくは速度の設定、変更もしくは確認の作業をいいます。特別教育用テキストの第2編の内容を教えます。

　同規程第19条「検査等」は安衛則第36条第32号の「検査等」と同じです。産業用ロボットの検査、修理もしくは調整もしくはこれらの結果の確認です。特別教育用テキスト第3編の内容を教えます（A 30を参照してください）。

　なお、このテキスト第3編の検査等には、給油・掃除に関することの記載はありません。理由は特別教育の対象となっていないからです。しかしながら給油・掃除は安衛則第150条の5では検査等に該当しますので、雇入れ時教育、作業変更時教育で行ったかもしれませんが、もう一度、安衛則第150条の5で定める作業手順書で念押しの再教育を行ってください。実際のところこの給油・清掃作業の多くを経験の浅い新人や派遣労働者等が行っており、労働災害の発生率が高いからです。

## Q33　インストラクターによって、カリキュラムの内容が違っても問題ないか？またカリキュラムの内容で外せないポイントはあるか？

**A 33.** 御社の中でAインストラクターとBインストラクターで教える項目が異なり、職場に配置された時に、それは習っていません、ということになったらどうでしょうか。少なくとも安全委員会等でカリキュラムについては社内統一を図るべきであると考えます。

　カリキュラムは「特別教育規程」で示されている項目を実施すれば法的には問題ありません。一般には「特別教育用テキスト」の項目に沿って教育を実施していただいています（A 30を参照してください）。

　ただし、当社ではこの産業用ロボットは全く使用していないので、教示等の項目は一部削除、あるいは簡単に教えたい、ということを全く否定するものではありません。ある程度フレキシブルであって差し支えありません。特別教育の趣旨が、当該作業員の安全確保にあるのですから、全く使用しない機械の知識を得るより、使用する機械の知識の充実の方がベターだからです。

　カリキュラムで外せないポイントですが、各社で使用する産業用ロボットが多種多様でこれを重点にとはいうことができません。ただ、「特別教育用テキスト」を使用するとしても、自社での過去の災害事例等を踏まえた、軽重、メリハリのきいた内容とすべきだと思います。インストラクター同士や安全委員会等で議論をしてください。

**Q34** 会社(人事)の都合上等で、経験の浅い者がインストラクターになる場合の留意点等アドバイスが欲しい。

**A 34.** インストラクターが知識的にも技術的にも問題がない場合は、経験が問題となることがあります。つまりインストラクターより年配で経験豊かな先輩に、特別教育を実施する場合です。

その場合には、まず安全委員会等で特別教育の重要性とインストラクターの役割、権限等を明確にして、組織として特別教育の意義、重要性等を明らかにすることが重要です。

もう一つは、学科教育の開校式で、社長等組織のトップが出席して、特別教育の意義と重要性を語り、インストラクターの重要性もアピールしてもらうことが大切です。重要な動機付けにもなります。

最後にインストラクターに対しては、上から目線で講義しないということを徹底させることです。受講者と一緒に学ぶという態度が必要です。上から目線にしないということは、ヒントを与えながらも本人に考えさせるというコーチングの技術で教える必要があります。そして、特別教育終了後も、できるだけ機会をつくって現場まわりをし、現場との距離を縮める努力が必要です。人間関係というのは人伝えで伝わり、次の受講者にも影響を与えます。

### 3 ロボット革命って何？

　安倍内閣の「日本再興戦略」の一環として「ロボット革命実現会議」が設置され、同会議が2015年1月に「ロボット新戦略」という報告書を発表しました。その中で「ロボット革命」という言葉が次のように定義されています。
① センサー、AI（人工頭脳）などの技術進歩により、従来はロボットと位置付けられてこなかったモノまでもロボット化し（例えば、自動車、家電、携帯電話や住居までもがロボットの一つとなる）、
② 製造現場から日常生活の様々な場面でロボットが活用されることにより、
③ 社会課題の解決やものづくり・サービスの国際競争力の強化を通じて、新たな付加価値を生み出し利便性と富をもたらす社会を実現する
ことだそうです。
　例えば、お掃除ロボットや自動運転乗用車なども、「自律化」「情報端末」「ネットワーク」などを駆使して、ロボットが単なる作業ロボットから自ら学習し行動するようになるとともに、自らデータを蓄積・活用する新たなサービス提供の源泉となり、さらにロボットが相互に連携する方向に向かって急速に技術革新をすすめるとしています。
　そのうち、人に対するマイナンバーだけでなくロボットのマイナンバーも必要となるということでしょうか。
　出産・育児から介護そして最後には死亡時の看取りまでロボットにお世話になるかもしれないのですが、もしロボットが連絡を取り合って反乱したら、と思うとゾッとしませんか。アシモフの「ロボット3原則」を全てのロボットの人工頭脳にインプットしておく等何らかの法的対策を講じておく必要があるのではないかと思いました。

**Q35** 実技を教えるに当たり、個人の能力によって教育（実技）内容を変える方がいいのか？ それとも、皆同じ教育内容の方がいいのか？ また、個人により内容を変えたときは、記録に内容やレベルも記載すべきか？

**A35.** 技術レベルの低いまま現場に出すのは問題だと考えます。したがって、「特別教育規程」のカリキュラム時間は全員共通で行なってもらうことになります。そして、残念ながら一定のレベルに達しなかった者に対しては、ＯＫが出せるまで追加実習をしてもらう、という姿勢が大切です。

「特別教育規程」のカリキュラムはすべて「……時間以上」となっています。確かに２時間のところを３時間行ったらその旨の記載は差し支えありませんが、レベルまで記載する必要はあるでしょうか？

もしも労災事故があったとき、会社はレベルが低いことを知っているのに、このような危険な業務に就かせた、などという訴訟を起こさせないためにも、人事記録は別として、特別教育の記録にはレベルまでの記載は必要ないと思います。

**Q36** 検査を教えるにあたって、メーカーに年次点検をしてもらっているため、社内に詳しく分かる者がおらず、どういう事項で何を教えれば良いか分からない。

**A36.** 特別教育の講師は、十分な知識と経験を持った者でなければならないという通達があります。インストラクター養成講座で検査の仕方の教育方法をしっかり学んでください。さらに不安があるなら年次点検時に点検者にお願いして点検ポイント等を学び、はやく点検に精通してください。

インストラクターであっても、日々精進しなければなりません。もしどうしても自信がなければ、メーカー等から点検を教えてくれるインストラクターの派遣をお願いしてください。

## Q37
特別教育を行った後、個々の力量を確認する際テスト方式にしたいが、問題は各項目何問を目安にすれば良いか？（テスト以外での確認は、自分なりに行って良いか？）

**A 37.** 特別教育規程で確認テストの実施までは求めていません。しかし、テストをしてはならないとも規定していませんので実施するのは各事業者の自由です。問題数もそれぞれのインストラクターが確認のため必要だという数にすれば良いと考えます。

しかし、多くの企業では、教示等作業、検査等作業が確実にできれば良いと考えています。いくら知識があっても手が動かず、教示や検査ができなければ意味がありません。

したがって、単なる知識ではなく、確実に教示や検査ができるかという実技の部分を確認し、できなければできるまで教え、できない者には修了書は渡さない、という態度に徹すべきで、テストを実施してランキングを付けることは特別教育の本旨ではありません。

実技では「やってみせ、言って聞かせて、させてみて、褒めてやらねば、人は動かじ」という山本五十六の教育指導方針を思い出してください。

# VIII 安衛則第150条の3（教示等）関係

**Q38** ダイレクトティーチでの具体的な安全対策を教えて欲しい。また、監視人なしでの作業が可能か？

**A 38.** 教示の方法は大きく分けて次の三つが考えられます。

①直接教示方式。②遠隔教示方式。③間接教示（オフラインプログラミング）方式。

そして、今回質問のダイレクトティーチは①の直接教示方式のことと思われます。

直接教示とは、産業用ロボットアームを直接作業者が手で持って動かし必要な位置に移動する方式です。

この場合、モーターのパワーを遮断したまま直接教示を行う方式は、水平多関節型小型ロボットなどでは可能であり、アームの不意の動作も考えられないので安全です。

そのことは安衛則第150条の3第1項ただし書きで「産業用ロボットの駆動源を遮断して作業を行うときは、この限りでない」とし、第3号の「作業中である旨の表示」と、「第三者が起動スイッチ等を操作することを防止する措置を講ずる」以外の特別の措置は求めていません。

なお、一般にプレイバック型ロボットの場合、ダイレクト・ティーチングのモードへ設定した場合は、駆動源が遮断されるように設定されています。

しかし、垂直多関節産業用ロボットでは重力でアームが落下するため、モーターに通電したまま力センサを用いる必要があるためこの場合は安全面での課題が残ります。

したがって、安衛則第150条の3は、駆動源を遮断しないで教示等の作業を行うときには、第1号で作業規程を作成しこれにより作業を行う、第2号で作業者本人または監視者が異常時に直ちに産業用ロボットの運転を停止することができるための措置を設けること、第3号で前述の表示と操作禁止措置を求めています。

作業規程には、「イ　操作の方法、ロ　マニプレータの速度、ハ　合図の方法、ニ　異常時の措置、ホ　不意の作動による危険防止措置」が定められていなければなりません。

なお、この項目はあくまでも例示であり、必要と思われる事項は追加して差し支えありません。

次に監視人なしの作業が許されるかですが、第2号では教示者本人が緊急停止装置を持っていれば監視人がいなくても法令上違反とはなりません。しかし筆者は仮に教示者が緊急停止装置を持っていたとしても、できるだけ監視人を置く方が良いと考えています。

なぜ監視人が必要なのかですが、教示を行う者はどうしてもマニプレータの先端にのみ関心が高まり、全体の作動状況を把握できないこともあるからです。その場合は作業規程にも監視人の位置、行うべき事項について明確に定めておく必要があります。

**Q39** 産業用ロボットへの電源接続に関して、装置にロボットを使用する場合、ロボットのON-OFFを制御盤に設けたメインコントローラにてON-OFFすることは問題ないのか？（装置運転準備でメインコントローラをONにして、ロボットの電源をONにする）

**A 39.** 質問の趣旨がイマイチ分かりにくいのですが、おそらくロボットの前にロボットを一定制御できるメインコントローラがあり、そこで電源のON-OFFが行え、さらにロボットの側にも電源のON-OFFができるタイプで、メインコントローラだけで駆動源の遮断等の措置を行っても良いのか、という意味であると判断して回答します（A 16参照）。

「駆動源の遮断」とは、記憶装置の情報に基づき動く部分（例えばマニプレータ）と、その動力源（例えばモーター）とを切り離して、動力源の回転または圧力が、記憶装置の情報に基づき動く部分に伝わらないようにすることをいいます。具体的には運転を停止する（動力源を停止する）ことのほか、運転中に動力伝達装置をクラッチ等で遮断することも含まれます。

「運転を停止」するのは動力源を停止させることになるので、もちろん駆動源を遮断することに該当しますが、「駆動源の遮断」は運転中（制御回路が生きている場合）であっても、クラッチ等で、動力の伝達が切り離されている場合、または動力源のスイッチのみが遮断されている場合も含みます。

**【運転を停止と駆動源の遮断】**

| | 運転を停止 | 駆動源の遮断 | |
|---|---|---|---|
| | | 駆動用原動機を切る | 動力伝達装置を切る |
| 電動式 | ・運転を停止させる<br>　⇒スイッチ②を切る<br>・一次電源を切る<br>　⇒スイッチ①を切る | ・モーターの電源を切る<br>　⇒スイッチ③を切る | ・クラッチを切る<br>　⇒④を切る |
| 油圧式<br>空気圧式 | ・運転を停止させる<br>　⇒スイッチ②を切る<br>・一次電源を切る<br>　⇒スイッチ①を切る | ・モーターの電源を切る<br>　⇒スイッチ③を切る | ・弁を閉じる<br>　⇒④を切る |

（ⅰ）電気式の場合

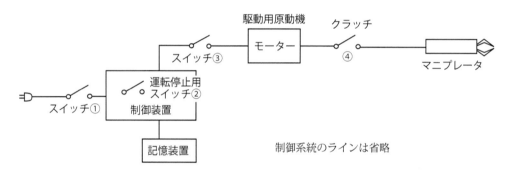

（ⅱ）油圧式または空気圧式の場合

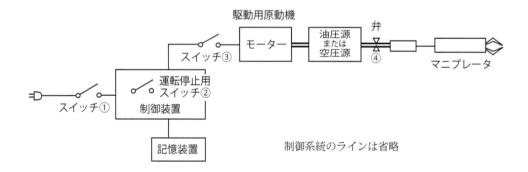

「駆動源の遮断」は安衛則第150条の３の「教示等の作業」で、「運転を停止する」は安衛則第150条の５の「検査等の作業」で用いられ、用語の違いに気をつけてください。

質問のメインコントローラのON-OFFのスイッチが①もしくは②と思われますが、いずれの場合であっても駆動源の遮断よりも安全であることから、問題ないと考えられます。

# Q & A

**Q40** 以下の図のように、大物のワーク等でペンダントを持つ教示者が、見えない部分の補助としてＢ（特別教育修了者）を立たせたとき、Ｂは非常停止ボタン等のロボットを直ちに停止させるスイッチを持たなければならないのか？

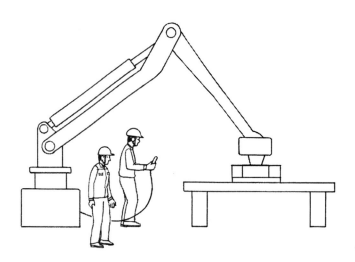

**A40.** 可動範囲内で教示等を行う場合は、異常時に直ちに産業用ロボットの運転を停止することのできる構造のスイッチを保持させること（安衛則第150条の3第1項第2号関係通達、昭58.6.28基発第339号）、という通達があります。教示等を行う者に補助者を除外する旨の記載がないため、この補助者に対しても緊急停止スイッチを持たせなければなりません。

なお、2人とも可動範囲内におり、手元の作業に集中していると全体が見にくくなります。できるだけ可動範囲外の2人が見える場所に監視人を置くことが望まれます。なおこの監視人にも緊急停止スイッチを持たせなければなりません。その際は、補助者は緊急停止スイッチを持たせなくても良いと考えられます。

**Q41** 教示作業中の監視人の配置について、教示作業を行うときは、必ず監視人を配置しないといけないか？ それとも必要に応じてなのか？ 根拠となる法令はあるか？

**A41.** 安衛則第150条の3は第1項本文ただし書きで、産業用ロボットの駆動源を遮断していれば、起動スイッチ等に「作業中である」旨の表示と鍵をかければ、特段何の措置も必要ない、つまり監視人の配置も必要ないと規定しています。

駆動源を遮断しないままの産業用ロボットの教示作業には、ロボットの可動範囲内で教示する場合と範囲外で教示する場合があります。教示者が可動範囲外でティーチングを行う場合、それが固定型操作盤によるものであれ、可搬型操作盤であれロボットにより危害を受ける人は可動範囲内にはいないので、監視人は必要ありません。

問題は、教示者が可動範囲内で教示している場合です。その場合、自分でティーチングペンダントを操作する場合と外部の補助者が操作する場合があります。外部の操作者が操作盤もしくはティーチングペンダントを操作する場合はこの者が監視人の役割を果たすので、安全対策上は別として法令上はあえて別に新たに監視人を配置する必要はない、と考えています。

一番の問題は、可動範囲内で1人で教示をする場合です。理屈上はホールド・トゥ・ラン機能のペンダントスイッチを使用しているので指を離せばロボットは停止します。しかしながら、誤操作・暴走等が絶無とはいえないし、また操作者のミス、作業者間の連絡の不徹底等により産業用ロボットが可動範囲内で作業者の予測と異なった動作をする危険性も皆無ではありません。

特に、ロボットの動きが比較的速い場合や教示を行う労働者が関心をマニプレータの先端に向けざるを得ないような場合は、手元に集中してしまい、マニプレータ全体の動きを知覚しにくい場合があります。この場合は異常を認識した時点で一旦ロボットを停止させ災害を未然に防ぐ行為がとりにくくなっています。

したがって、より早期に異常を察知できるという観点からも教示等の作業は、作業内容に熟知した監視人の下で行われることが望ましい（「改訂　労働安全衛生規則の解説―産業用ロボット関係―」中央労働災害防止協会編、49頁）との説明もあります。

ともあれ、法令上可動範囲内での1人での教示を絶対に認めないということは規定していませんが、安全配慮の関係から監視人を置くことを望ましいとしているのです。

なお、この監視人は教示操作を可動範囲外で行う者ではないので（単なる非常停止ボタンを操作するだけなので）特別教育の実施の義務は課せられていませんが、素人ができるわけでもないので、特別教育用テキストでは「作業内容に熟知した」という記載となっています。

**Q42** 教示や検査作業で、作業者が怪我を負うことがなくならない。無人のティーチングはどうしてできないのか？

**A42.** 人工頭脳を搭載した知能ロボットも開発されつつありますが、しかし最初に教えるのは人間でありロボットではないので無人のティーチングはなかなか難しいといわれています。検査作業では自らの不具合等を自主的に探し出して自ら修理・調整できるロボット（ターミネーターみたいです。）も開発されていますが、かなりの値段となります。

産業用ロボットによる労働災害を防止するためには、ロボットに人間を認識させ、人間には絶対に危害を加えないという優先的な回路を設定するしかないと思われます（ロボット工学3原則の第1原則）。

それが無理だとしても、労働災害を起こさないためには、法令に定められている事項の遵守はもとより、リスクアセスメントを実施して、予測される危険源、危険作業を同定して、可能な限りの保護方策を複数実施することが大切です。

**Q43** 教示の作業規程、作業前点検表の作成は、安全衛生事務局が行うべきか、現場の監督者に任せて良いか？（インストラクター講習で得た知識か、現場の熟知か）

**A43.** 安衛則第150条の3および第150条の5の作業規程の作成義務者は事業者です。この事業者の命を受けた者が作成するわけですが、作業規程は事実上作業手順に準じたものとなります。

「改訂　労働安全衛生規則の解説―産業用ロボット関係―」（中央労働災害防止協会編、47頁）では次のように述べています。「産業用ロボットには多くの種類があり、その用途も多岐にわたっている。また、これからの産業用ロボットの発展を考え合わせた場合、作業方法等を画一的に規定するのは適切でない。むしろ、産業用ロボットの種類、関連する機械等との連動の状況、教示等の内容等の実態に即して教示等の作業に関して、当該事業場の実態に応じたきめの細かい規程を作成し、これに基づき作業を行わせることとすることが、災害防止上有効であるといえる。作業規程の作成に

関しては関係労働者の意見は取り入れることはもちろんのことメーカーの技術者、安全コンサルタント等の活用を図ることにより、できる限り実行ある規程とするよう努めなければならない。」

　ＲＳＴトレーナー研修では、作業手順の作成は会社で作った作業標準や技術標準をもとに職長が原案を作成し作業員全員で見直し、作成を行い、安衛則第24条の11に基づきリスクアセスメントを実施して確定するように講義しています。

　このことから、作業標準、技術標準など作業手順の原案となるものは仕様書を参考にインストラクターが作成し、これをもとに、実際の作業手順＝作業規程は現場の職長が作業員と一緒にリスクアセスメントを行って決定します。インストラクターはこの決定過程にも参画し必要なら意見を述べる、ということにしたら如何でしょうか。

　安衛則第151条の作業前点検表も同様の方法で作成することが良いと考えます。

## Q44　作業規程の作成について、自社には「標準作業書」があるが、これで代用できるか？

**A 44.** 標準作業書が、安衛則第150条の3、第150条の5に定める内容を具備していれば代用できます。しかしながら何故この作業規程があるかというと、規程があることに意義があるのでは無く、規程の内容に沿って安全な教示作業、検査作業を行ってもらうことにあるのです。したがって、A 43で述べたように、皆でリスクアセスメントを行い、残留リスクはどれなのか等を確認する等の安全教育を兼ねた規程の活用をお願いします。

## Q45
現在ロボットがない作業規程はどのように作成したら良いか？

**A 45.** A 44 に記載されているとおり、作業規程は作成することに意義があるのではありません。その規程にしたがって安全な教示作業、検査作業を行ってもらうためにあるのです。ロボットがないのに規程を策定する必要はありません。

しかしながら、将来産業用ロボットの導入が確実で、ある程度型式等が決まっているならメーカーから取扱説明書を入手し、それをもとに作業規程の原案を作成してください。またA 43、44 の回答も参照してください。

## Q46
安衛則第 150 条の 3 第 1 項第 2 号について、作業者がティーチングペンダントを手にもって作業している場合、あるいは当該労働者を監視する者が、非常停止操作できる位置で監視する場合、同項の措置を講じているといえるか？

**A 46.** 同項は「直ちに」停止できるようにするための措置を講ずるとしているので、「直ちに」つまり「その場で操作」できるのなら、措置を講じているといえます。なお、ティーチングペンダントはホールド・トゥ・ランのものを持たせてください（産業用ロボット技術上の指針2－1－4（3）ロ）。そして、教示者は手元に注意が集中しているので、できれば監視人を置きその者に非常停止スイッチを持たせるとさらに安全です。

**Q47** 可搬型操作盤によりロボットを操作しているときは、操作盤以外からのロボット操作ができないとあるが、これは、ロボットの操作盤を「リモート－ローカル」のような操作ができないという認識でよろしいか？

**A47.** 可搬型操作盤（ティーチングペンダント）と固定式操作盤の両方があるタイプの場合、ロボットはどちらの操作盤からの信号を優先するか決めておかなければ、暴走等異常作動もしくは、可動範囲内で操作している者に危険を及ぼす行動をしてしまいます。

したがって、一般には可搬型操作盤を操作する場合はこちらが優先する、という回路を組み込んでいます。ただし、緊急停止ボタンはいずれの操作盤からもできるよう最優先回路にしてあります。

通常、可搬型操作盤には「教示操作盤有効スイッチ」があり、このスイッチがONの場合は、固定操作盤は操作できなくなります。一般に（原則として）ON－OFFの選択は可変操作盤側にあります。この「教示操作盤有効スイッチ」を質問者のいう「リモート－ローカル」選択スイッチというなら、そういう趣旨です。

**閑話休題**

**4　縄張りに踏み込む場合は**

産業用ロボットをサファリパークのライオンと考えると、サファリパークが可動範囲、縄張り（テリトリー）は電気的または機械的ストッパーのある可動範囲に相当すると考えることができます。

仮に獣医が、サファリーパークで飼育しているライオンの体調が悪いと気付き治療しに行くこととしたとき、どのような対策を講じるでしょうか。

多くの場合、雄ライオンごとに縄張り（テリトリー）があり活動範囲が限定されているはずです。その縄張りの中に診察に行く場合、たとえ病気やケ

ガでライオンが弱っていたとしても、あるいは見た目には動かなかったとしても、不用意に近づく人はいないはずです。

まずサファリパークの外から中に入るときは鍵を開け、窓に格子状のガードを付けた自動車で乗り込みます。次に縄張りの外から麻酔銃を撃ち、ライオンに眠ってもらいます。スタンガンが効くかどうかは分りませんが、近づかないと使えないのでこれはパスします。

麻酔薬が産業用ロボットのクラッチを切る（動力伝達装置を切る）と同じ状態だと思います。麻酔薬が十分でなく効き目がイマイチということや、麻酔薬に対して耐性があるとかすると何かの拍子で目覚めることだってありえます。麻酔薬は完全な安全対策ではありません。

麻酔薬の効果が十分に効いているか、麻酔時間は十分に取れているかが分らない場合は、眠っている間にライオンの口を開かないように縛ったり、手かせ・足かせでくくるという安全対策を講じます。間違えました。ライオンには手がないので、4本の足を縛ります。これが、駆動用原動機（モーター）の電源スイッチを切るに該当すると思います。

麻酔薬とモーターの電源スイッチを切るまでが通達にいう「駆動源の遮断」に該当します。しかし力の強いライオンなら、目覚めたとき暴れて口や足の紐をほどいたりするかもしれません。やはりこれでも十分な安全対策とはいえません。

そして究極の安全対策は「仮死」状態にすることです。仮死とは生きている徴候を客観的に確認できないが実際にはまだ生存している状態をいうのだそうです。氷漬けにして心臓や呼吸を停止させ、電気ショック等何らかの蘇生術を講じなければ生き返りません。ロボットでいうと運転を停止させるか元（一次）電源のスイッチを切るに該当し、これが通達でいう「運転を停止する」ということになります。究極の安全対策ですが、蘇生するには一般に時間がかかることが多いようです。

教示の場合はこの「駆動源の遮断」でも良く（安衛則第150条の3）、検査等の場合はもっと安全な「運転を停止」する（安衛則第150の5）ことを求めています。

ライオンが元気な時はテリトリーには入らない（安衛則第150条の4）。もし元気がなく眠っているような場合でも、テリトリーに入るときは、最低限麻酔銃を持ち、口や足を縛る紐を持参して近づくべきです。

なお、獣医さんは決して1人ではテリトリーには近づかないと思います。必ず飼育員と一緒に近づくと思います。産業用ロボットの点検等は必ず監視人の同行を求めましょう。

**Q48** 安衛則第150条の3第1項第3号について、安全柵のドアのインターロックスイッチを抜いた状態（非常停止状態）で作業をしている場合、同項の措置を講じているといえるか？（第三者がインターロックスイッチを元に戻し、さらに起動スイッチを押そうと思えば押せてしまう）

**A 48.** 安衛則第150条の3第1項第3号では、「作業中である旨を表示」し、かつ、第三者が「当該起動スイッチ等を操作することを防止するための措置を講ずる」と規定していますので、第3号の措置を講じているとはいえません。表示と鍵等の実施を求めています。条文をしっかりと読んでください。

なお、「産業用ロボットの使用等の安全基準に関する技術上の指針」（以下「技術上の指針」という。）では、このインターロックだけでなくインターロック付き安全プラグ等の設置を求めています。ドアや柵を解錠したときにその一部（パーツ）を作業者が持って、可動範囲内で作業するもので、これは第三者がインターロックスイッチを元に戻そうとしても、あるいは柵を閉めようとしても、パーツが無いので元に戻したり、閉めたりできなくする究極の安全対策ですが、過去に作業者がこの安全プラグを入口に置き忘れて第三者がインターロックを元に戻したための労働災害が発生しています。

やはり、「教示又は点検中。閉めるな。スイッチを入れるな。」の表示も必要です。

# IX 安衛則第150条の4（運転中の危険の防止）関係

**Q49** ロボットの動作範囲にセーフティスイッチやセンサを設けた柵や扉を置くシステムは適切であるか？　その場合に、柵や扉の強度を考える必要はあるか？

**A49.** ロボットの可動範囲に関する質問と判断します。

「可動範囲」とは、プログラムによって制御された範囲ではなく、構造上記憶装置に基づいて動ける最大の範囲のことです。しかしながらこの可動範囲内にロボットの制御系から独立している電気的ストッパー、または機械的ストッパーがあるときは、これらのストッパーにより、ロボットの動きが限定されるため、これらのストッパーにより作動できない範囲は可動範囲に含まれません。言い換えれば電気的、物理的に遮断された以外の動ける部分が「可動範囲」ということになります。

そこで質問の「動作範囲」とは何かですが、プログラムによって制御されている範囲と判断されますので、プログラムを変更したり、何かの原因で書き換えられたりすると、本来の「可動範囲」まで動いてしまいます。

この「動作範囲」にセーフティスイッチやセンサを設けた柵や扉を置いても、その柵が、何かの弾みで「可動範囲」まで伸びてきたマニプレータ等をブロック、つまり阻止できるだけの強度を持つ「機械的ストッパー」の役割をもっているなら、このシステムは有効であると考えられます（柵等にはロボットの力で破壊されない強度が必要です）。

次に、これらの柵が強度的に機械的ストッパーの役目を果たすものであったとしても、故意に人間が柵を開けたり越えたりする場合には、セーフティスイッチやセンサによりロボットを緊急停止させる必要があります。この場合のセーフティスイッチやセンサはロボットの制御から独立していなければなりません。

なお、セーフティスイッチやセンサは、「危険検出型」安全装置なので、故障することが考えらます。したがって、これらの安全装置を使用する場合は「安全確認型」か複数のセンサの設置が望まれます。

**Q50** 非常停止装置の動作回路について、安全確認回路（光カーテン等）では、安全条件がａ接点となるが、非常停止回路はｂ接点としたいため、間にリレーを介さないとならない。プログラムによらない接続であるから、ソフトウエアを介していないと考えて良いか？また、オムロンや松下産業等には、「セーフティリレー」なる製品があり、光カーテンやマットなどの入力を任意に組み合わせることができる。このような機器からの入力は非常停止装置として採用可能か？

**A 50.** 安全装置としては、安全防護の目的で、定められた平面または空間へ人が侵入するのを検知するための存在検知装置が一般的です。

存在検知装置として使われるセンサは、危ないところに人間が入ったことの存在検出（危険検出型）ではなく、危険なところに人間がいないという安全な状態を検出する「安全確認型のセンサ」（安全の確認を行うと同時にその安全確認に基づいて信号を出力する側の誤りを生じさせないセンサ）でなければなりません。

御社の非常停止装置が、安全確認型と危険検出型の双方を持ちそれをリレーで繋ぎたいとのことですが、これは確かにソフトウエアを介していない、いわゆる物理的接続であると判断されます。

しかし重要なことは、リレーは過電流や地震等の外圧で故障したり接続が不良となったりする可能性があります。このようにリレーが故障したときには「安全ではない＝危険である」として動力源の遮断等が行われるような回路設定が必要です。

「セーフティリレー」とはオムロンのｗｅｂによると、「機械や設備の安全回路を組むためのリレー。強制ガイド接点機構の構造をもち、接点溶着の故障検出が可能。しかし、その他の点については、一般のリレーと基本的に同じです。言い換えるとセーフティリレーは、故障を起こさないリレーではなく、接点溶着などの故障の時に強制ガイド接点とよばれる構造により、故障している状態を他の回路によって検出できるリレーです。したがって、回路の組み方によっては、セーフティリレーが溶着などを起こした場合、動力がしゃ断されず危険な状態になることがあります。動力の制御回路で接点溶着などが発生しても、動力を確実にしゃ断して、その故障が取り除かれるまでは再起動できないようにするために、セーフティリレーなどを組み合わせて、その回路に冗長性とセルフモニタリング機能をもたせてください。」

ということで、このままでは安全確認型の非常停止装置としては不十分である可能性が高いといえます。

※ａ接点、ｂ接点はA71参照

**Q51** 安全柵は、ロボットの可動領域外に立てるとあるが、もし設置場所が狭くロボットの可動範囲に柵を立てなくてはならない場合、どのように対応すれば良いか？ 頑丈な柵にする、ソフト等にて可動範囲を限定してしまうなどの対応で良いか？

**A51.** 「産業用ロボットの使用等の安全基準に関する技術上の指針」4－1－1では、「さく又は囲いを可動範囲の外側に設けること。」と規定しています。なぜなら可動範囲内に柵等が設けられていても、人が近づいたときに柵の中に入らなくてもロボットに接触し攻撃されるからです。

したがって、可動範囲内に柵等を設けるときには、柵等の外側にロボットがはみ出せないようにするしかありません。はみ出そうとしたら柵がロボットに対抗して物理的に阻止できる強度を持たせる必要があります。言い換えれば、柵の内部だけが可動範囲となるようにすれば良いのです。そのためにはソフト等で可動範囲を柵の内部までにすることが可能ならそれでも差し支えありません。ただし、ソフトでの制御は電気的ストッパーにはなりえないので、もしロボットが暴走しても柵の範囲内で停止する、電磁ロック式インターロック(※)を設ける必要があります。

(※) 電磁ロック・セーフティドアスイッチは、ドアなどのガードを閉じた状態でロックして、電源を切った後も慣性で動き続ける危険源が停止状態となるまでガードを開かないようにします。また、ガードをロックし閉じたガードを無駄に開かせないことにより生産性低下を防止するために使用します。

**Q52** 干渉領域の利用について、近年のロボットでは、当該範囲にロボットが進入したときに、自動的にロボットが停止する「干渉領域」を設定できることが多いが、この「干渉領域」によりロボットの可動範囲を制約し、安全柵の領域を狭めて良いか？ あわせて、電気的ストッパーとみなして良いか？

**A 52.** 昨今のロボットに「干渉領域」を設定している例が多いのですが、その目的はロボット同士の衝突の防止にあります。したがって、そばに衝突しそうなロボットがいなければ、自由にマニプレータ等を動かしています。そしてこの「干渉領域」の設定は、操作盤によるティーチングではなくＣＤ、ＤＶＤによるソフトのインストールで行われていることが多いのです。

この「干渉領域」で、ロボットだけでなく人間も対象として認識できる構造なら、究極の安全ロボットになりますが、現在のシステムではそこまでとはなっていません（最近デジタルカメラの顔認証システムを取り入れ、干渉領域にプラスさせて安全対策をとる産業用ロボットが現れましたが、相当高価です。赤外線人感センサは人と小動物を区別できないので不十分な安全装置です）。

安衛則で考えている「可動範囲」の概念は、「構造上記憶装置に基づいて動ける最大の範囲」ですが、その心は人間を守るための範囲を定めたものです。

他のロボットがいない限り、構造上記憶装置に基づいて動けるし動いているのです。

「干渉領域」がロボットの制御から独立している電気的ストッパーではない限り可動範囲を狭めたりできないと考えます。結論として、電気的ストッパーとはみなされないと考えます。

## Q53 可動範囲は、材料等を持った場合はどうなるのか？

**A 53.** ロボットに工具を取り付けた場合、この工具はロボットと一体になりマニプレータと同様の危険性があるので、この工具の動ける範囲も可動範囲に含まれます（「改訂　労働安全衛生規則の解説―産業用ロボット関係―」（中央労働災害防止協会編）、34頁）。

なお、この工具はメカニカルハンドではないのでマニプレータには含まれません。

メカニカルハンドに材料を把持した場合、材料はこの工具と同様の取扱いとなります。

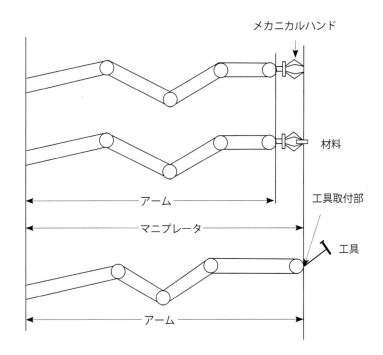

上：メカニカルハンドを有するもの
中：メカニカルハンドで材料を把持しているもの
下：アームに直接工具が取り付けられているもの

## Q54 安全柵の設置義務は事業主で、メーカー側にはないのか？

**A 54.** 安衛則第 150 条の 4 の主語は、事業者です。メーカーは単なる第三者です。

安衛法の体系は、それぞれの事業者が自らの労働者に対して安全衛生配慮義務を求めています。

したがって、ユーザーの事業者が安全柵の設置義務者となります。

なお、産業用ロボットの導入に当たって、購入契約書に産業用ロボット本体の設置の他、安全柵の位置決め、設置までもが規定されていた場合は、設置を請け負ったユーザーが第一義的に設置義務を負いますが、それは売買もしくは設置請負契約上の責任であり、安衛法上の事業者責任ではありません。

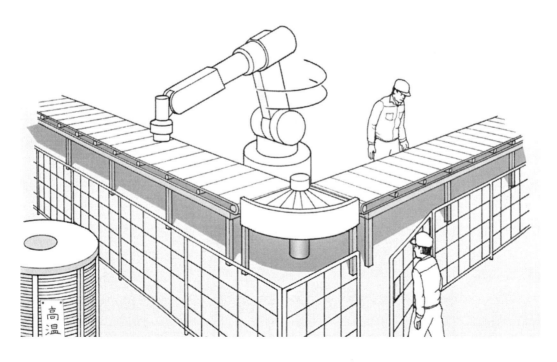

**Q55** プラスチック成形業界における取出機（トラバース型ロボット）は、安全柵の設置や連続運転中の可動範囲内への進入を規制していないことが一般的であるが、インストラクターとして、どのように指導していくべきか？

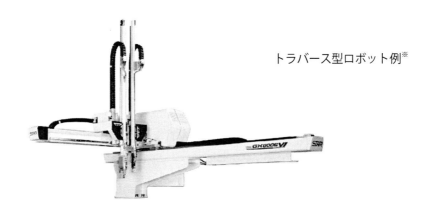

トラバース型ロボット例※

**A55.** トラバース型ロボットはシーケンスロボットに分類され、一般的に縦と横のほぼ単調な作業を繰り返しているので、自動運転の時はほとんど作業員が接近しないことが多いものと思われます。そのため、安全柵や立入禁止措置を設置していない事業場も確かに見受けられます。

しかしながら、安衛則第150条の4では「事業者は、産業用ロボツトを運転する場合（教示等のために産業用ロボツトを運転する場合及び産業用ロボツトの運転中に次条に規定する作業を行わなければならない場合において産業用ロボツトを運転するときを除く。）において、当該産業用ロボツトに接触することにより労働者に危険が生ずるおそれのあるときは、さく又は囲いを設ける等当該危険を防止するために必要な措置を講じなければならない。」旨規定しています。

インストラクターとしては、やはり遵法精神を発揮し、労働災害防止の重要性を強調して、安全柵や囲い、光線式安全装置あるいは赤外線もしくは超音波センサ等安全装置、安全マットの設置のほか、ロープ、鎖等で可動部分を囲い、「運転中立入禁止」の表示を行い、労働者にその趣旨の徹底を図ることが求められます。最近では指向性赤外線センサがかなり安価になっていますが、ねずみなどにも反応するため設置には工夫が必要になるかもしれません（顔認証システムのような高価なセンサは大変有効ですが、現段階ではかなり高価です）。

安全委員会等での問題提起を行うと良いでしょう。

※ 株式会社 スター精機製「GX-800SVI」

**Q56** 安全柵内での作業について、サーボ電源が遮断されていれば、ロボットの制御電源がONであっても駆動源を遮断しているとみなして、特別教育を受けていない人員が安全柵内で作業して良いか？

**A 56.** サーボ機構とはＰＣのプログラムの制御信号に従って動力を発生し、負荷を駆動させる装置で、電動機・油圧モーター・気圧モーターなどがあります。言い換えれば、人間の意思で電源を遮断するのではなく、ＰＣのプログラム制御で電源が切られているだけで、例えば点検中は産業用ロボットの電源もしくはクラッチを切って動力を遮断すべしというプログラムの指示に従って、ロボットが停止していることを意味します。

「プログラム（制御装置）からの指令により自動的に、クラッチが入る状態になっている場合は、駆動源を遮断して行うには該当しない」という通達がありますが（昭58.6.28 基発第339号）、サーボスイッチの場合もプログラムの指令でON-OFFがなされているので、同様に駆動源を遮断するには該当しないものと判断されます。

あまり起きることはありませんが、落雷による異常電流、迷走電流等でプログラムが書き換えられたりして産業用ロボットが動き出すこともあります。

したがって、サーボ電源がＯＦＦでも、制御電源がＯＮの場合は駆動源の遮断とはならず、手動での運転停止、一次電源の切断、モーターの電源の切断が一番望ましいのですが、やむを得ない場合は手動でのクラッチの切断による駆動源の遮断を行ってください。

なお、特別教育を受けていない作業者が、可動範囲内で作業するのは、駆動源を遮断している限り法令上認められていますが、例えば小学生や中学生が駆動源が遮断されているからといって可動範囲内に立ち入るのを認めるでしょうか。やはり産業用ロボットについての知識があるものとないものでは安全に対する心構えも異なるものです。できるだけ関係者全員に特別教育をして人材確保に努めるのが良いと考えます。

**Q57** 「可動領域」の定義は？ また、「可動範囲」との違いは？ ⇨ 安全柵の外側でも、ロボットが腕を伸ばして安全柵がなかった場合に届く範囲は、可動領域に含まれるのか？ また可動領域外で作業を行うAは、教示をしても「教示」とは呼ばないのか？

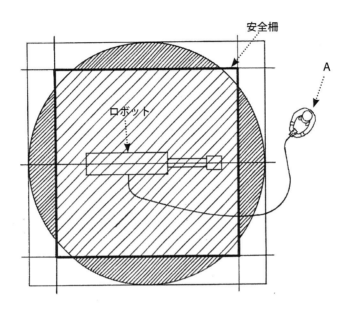

**A 57.** 法令では「可動領域」という言葉は使用していません。一方「可動範囲」とは、構造上記憶装置に基づいて動ける最大の範囲のことですが、電気的または機械的なストッパーがある場合には、当該ストッパーによりマニプレータその他の産業用ロボットの各部が作動できない範囲は除かれる（昭58.6.28 基発第339号）との通達があります。

質問者がどのような意味で「可動領域」という言葉を使用しているか不明ですが、おそらくプログラミング等で規制され、現に動いている範囲を「可動領域」という言葉で表現しているとしたなら、プログラミングは駆動回路から独立した電気的なストッパーにはなりえませんので、「可動領域」は「可動範囲」とは異なるということになります。

通達も「そのときに使用しているプログラムによって決まる産業用ロボットの各部の動く範囲のみを可動範囲というのではなく、構造上記憶装置に基づいて動ける最大の範囲が可動範囲である」（同上）としています。

安全柵を越えてマニプレータが伸びることがあるというなら、安全柵は機械的なストッパーにはなり得ていません。安衛則第150条の4では「労働者に危険が生ずるおそれのあるときは、さく又は囲いを設ける等当該危険を防止するために必要な措置を

講じなければならない。」と規定していますが、この規定の趣旨を貫徹するためには、柵または囲いはロボットに負けない強固なものにする（機械的ストッパーにする）か、可動範囲のすぐ外側に設け、いわば立入禁止の役割を果たすしかありません。

　そして多くの企業では、堅固な柵ではなく立入禁止の柵を設けており、その柵等を人間が越えたときに各種センサでロボットを停止させるようにしています。

　したがって、質問の場合、安全柵の範囲の幅広の斜線部分だけでなく、安全柵の外側の円で示された細い斜線の範囲も可動範囲となります。図では教示者Aは可動範囲外から教示をしているのでその限りにおいて、特別教育の対象とはなりません。しかし、実態として細かな教示をする場合果たして可動範囲外から全て行うことは可能でしょうか。もし仮に、手・足・頭等身体の一部でも可動範囲内に侵入することになるなら、特別教育を修了させておく必要があります（A 58 参照）。

**Q58** 接触防止の対策として「省スペース」「低コスト」を主として考えたとき、「省スペース」対策にはリミットスイッチによる可動範囲の制限（1、2、3軸）を、「低コスト」対策には可動範囲外にロープを張る、出入り口に運転中立入禁止の表示（周知徹底）をする、というもので問題はないか？

**A 58.** 結論から先に言えば「問題あり」で不十分であると言わざるを得ません。

　何故、接触防止対策に「省スペース」と「低コスト」という発想が出てくるのか分かりません。

　まず「省スペース」にリミットスイッチによる可動範囲の制限とあります。リミットスイッチを電気的ストッパーとして使用するということですが、リミットスイッチが故障することもあり得ます。ノーマルクローズ等の安全確認型のリミットスイッチ（電磁ロック式インターロック）にしなければなりません（A 71 参照）。

　次に「低コスト」として、ロープと立入禁止の表示です。これが安衛則第150条の4にいう「さく又は囲い」に該当するかですが、通達では「上半身が容易に可動範囲内に入ったり、跨いだりできるような低い柵又は囲いを単に設けた場合、ロープ、鎖等にたわみがあったり、その支柱が容易に動かせるものである場合は、本条の主旨から適切なものと言えない。」（昭58.6.28 基発第339号）としています。

　規則が求めているのは、可動範囲内に作業者が入った場合は、確実にロボットが止

まる、電磁ロック付きの柵、安全マット、赤外線人感センサ、光線式安全ガード等の設置を求めているのです。

**Q59** 可動範囲とは、通常動作している範囲のことか、もしくは動作できる最大の範囲のことか？ あわせて、安全柵で囲う範囲は最大可能範囲なのか、もしくは通常動作範囲で問題ないのか？

**A 59.** 可動範囲はその産業用ロボットが最大限に動ける範囲のことです。ただし、電気的ストッパーや物理的ストッパーがあり、物理的にそれ以上いけない範囲は除かれます。

しかし、制御回路とかシーケンスなどで制限された動きしかできない（これを通常動作する範囲という。）範囲は可動範囲には含めません。

安全柵は可動範囲の外側に設置します。ただし、安全柵がロボットに対して強固で負けない、壊れない（機械的ストッパーになりうる。）なら、通常動作範囲のところに設置しても差し支えありません。

**Q60** ロボットと人が協調作業を行う際に、安全対策はエリアセンサやマットスイッチを使用するが、この場合、人を検知しているときは動作しないのは当然だが、電源遮断を行う等の規定はあるか？

**A 60.** 安衛則の思想は、ロボットと人間の協働作業を認めない、というところにあります。産業用ロボットというのは、危険（有害）、過重、単調等の労働を人間に成り代わって行う機械だからです。一緒に働くのは危険ですしロボットとしても迷惑な話です。

　その思想が、安衛則第150条の4です。同項の規定は、ロボットが自動運転しているときにロボットに接触して危険が生じないよう柵または囲いを設ける等必要な措置を設けることを求めています。その必要な措置の一部がエリアセンサやマットスイッチです。人感センサも同様です。しかしこの措置は危険検出（確認）型が多いので、複数にするか、ノーマルクローズタイプが良いとされています（A 71 参照）。

　これらはあくまでも緊急停止装置なので、クラッチを切りブレーキがかかるタイプで電源の遮断まではしないものが多いようです（電源を遮断して動力を停止させると復帰に時間がかかり、電気代がかかるからという理由が多い）。

　しかしながら、法令は求めてはいませんが、電源遮断（A 39 参照）を行えば、さらに安全です。

### 5　人工頭脳の搭載は本質安全化といえるか

　最近、人工頭脳（ＡＩ）を搭載した産業用ロボットが導入されつつあります。本来は産業用ロボットの可動範囲内には人間は立ち入らないということを原則にしてきましたが、カメラの分析力と人工頭脳の発達により、産業用ロボットが人間を感知して、人間に危害を及ぼさなくなるようになり、ISOの技術ファイルに適合した産業用ロボットは、産業用ロボットと人間が同じ場所で協働することができるようになりました（平18.3.10基発第031001号）。

　確かに人工頭脳は発達してきました。しかし「2001年宇宙の旅」に搭載された人工頭脳「HAL 9000」は、宇宙船ディスカバリー号で反乱を起こすという映画もありました。

　アイザック・アシモフの唱えた「ロボット3原則」の1番目「ロボットは人間に危害を加えてはならない。また、その危険を看過することによって、人間に危害を及ぼしてはならない。」が確実に担保されていれば問題はありませんが、人工頭脳といえども故障しない保証はありません。

　カメラや、センサーだけでなく、フェールセーフ機構も兼ね備えていて、人間の皮膚に異常接近したら確実に停止する、そして「危ないですよ」「どうぞお先に」というようなコミュニケーション（会話）もできるような産業用ロボットなら一緒に働いてもいいのかなと私は思います。

**Q61** ロボットの可動範囲について ⇨ メガストッパーや電気ストッパーなどがある場合は、それによって制限された領域が可動エリアになると理解した。後者の電気ストッパーとは、どのようなものを指すのか？

**A61.** 電気ストッパーとは電磁ロック式インターロック、リミットスイッチ、強制引き離し接点などです。いずれも産業用ロボットの通常の制御装置・制御プログラムから独立しており、産業用ロボットが定められた範囲（可動範囲）を越えた場合は、強制的にブレーキをかけたり動力源を遮断したりして産業用ロボットを停止させることができるストッパーのことです。

　**電磁ロック式インターロック**とは、一定の条件（例えば可動範囲を越えそう）で電気のスイッチが切れるのですが、その回復には一般に人間が確認した上で手動でのボタン、ハンドル等の作業がない限り再度ONにはならない機構のスイッチで、安全確認型のスイッチとなります。ノーマルクローズの回路を使用しています（A71、72参照）

　**リミットスイッチ**には、①NC（ノーマルクローズ）接点（**通常時接点が閉じている。直接回路動作型ではない**）方式と②NO（ノーマルオープン）接点（**通常時接点が開いている。直接回路動作型**）の2種類あります。

① 　NC接点方式とは、通常時接点が閉じているもので、安全囲いのドアなどのインターロックガード等に取り付けられています。しかしながら、粘着テープやバネ等でボタンやアクチュエータを押した状態（無効化）にしてあると作動し続けるという問題があります。また、接点の引き離しがカムとかの物理的引き離しの場合は確実に接点は切れますが、バネ等で引き離す場合は、バネの力が弱かったり、接点が溶着している場合は接点は切れず産業用ロボットは作動し続けるという問題があります。

【NC接点】通常時接点が閉じている。

図記号

　無効化を防ぐためにはスイッチには保護カバーを設け、カバーの取り付けビスの形状やアクチュエータや鍵の挿入口は、イネーブルタイプ（※）のものとすることが必要です。

② **NO接点方式**とは、通常時接点が開いており、ティーチングペンダント等に使われているもので、指で押してはじめて作動する（回路が構成される）ものです。ボタンやアクチュエータを押すとブレーキ等ロボットを停止する回路に通電され、産業用ロボットが停止するタイプのものです。しかしながら、NC接点と同様、粘着テープやバネ等でボタンやアクチュエータを押した状態にしてあると作動し続けるという問題があります。また指を離してもバネが故障してボタン等が元に戻らず接点が閉じた状態が継続し産業用ロボットが作動し続けるという問題があります。

【NO接点】通常時接点が開いている。

図記号

いずれにしろ、リミットスイッチは、電磁ロック式インターロックに比べれば安全度は低く、1個ではなく複数個配置しなければ、安全度は高まりません。

【インターロックガードの例】
NC接点方式の（a）フールプルーフと（b）フェールセーフ

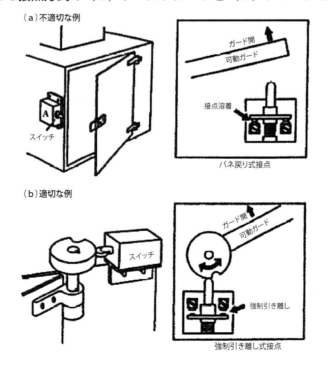

注）スイッチには、作業者による意図的な無効化を防ぐために、覆いを設ける必要がある。

**強制引き離し**はリミットスイッチにも使用されていますが、産業用ロボット可動範囲で用いられるのは、可動範囲を越えたら電源が強制的に遮断されるタイプのものが大多数です。例えばマニプレータが一定の範囲を越えて旋回とか伸長した場合に、その時点で電源の接点が強制的に切れる構造のものです。越えるかどうかをセンサで確認するタイプと所定の角度、長さ等に物理的になったらそこで強制的に電源を遮断するタイプのものです。

（※）イネーブルタイプ（機構）：イネーブル（enable）とは、「有効な」「有効にする」などの意味を持つ英単語で、ある機能や機器を利用できる状態にすること。または、その状態にする信号を指します。ネジの頭を＋、－にしないで、特殊な形にし、それに合うドライバーでしか開けられないようにすることなども、イネーブル機構といいます。一般にティーチングペンダントでのイネーブルスイッチとはホールド・トゥ・ラン、つまり手・指で握ったり押したりしないと通電しないタイプのものをいいます。

**Q62**　弊社では、最近Ｆ社製の産業用ロボットを導入した。それが大変優れていて、稼働中に人が近づくと稼働している速度が自動的に遅くなり、産業用ロボットに人が触れると自動的に停止するという、究極の安全な産業用ロボットという触れ込みである。そのため可動範囲の外側に柵とか囲いを設置する必要がないのだが、産業用ロボットから手を離し、可動範囲から人が離れると、再起動の操作をしなくても自動的に動き出してしまう。これは、安衛則第150条の４に違反しないのか？

**A 62.**　安衛則第150条の４の大原則は「産業用ロボットに接触することにより労働者に危険が生ずるおそれのあるときは、さく又は囲いを設ける等当該危険を防止するために必要な措置を講じなければならない。」であり、柵または囲いを可動範囲の外側に設置することを求めています。

そしてこの「さく又は囲い等」の「等」には、「労働者が接近したことを検知し、検知後直ちに産業用ロボットの作動を停止させ、かつ、再起動の操作をしなければ当該産業用ロボットが作動しない機能を有する光線式安全装置、超音波センサ等を利用した安全装置、安全マット（マットスイッチ）等を備えること。」（昭58. 6 .28 基発

第339号）という通達も出されています。

　質問は、自動的に再起動するのは、この通達に違背しているのではないか、ということにありますが、その前に「さく又は囲い」は「危険が生ずるおそれが」ない場合には設置する必要がないとされています。ですから、危険が生ずるおそれがあるかどうかをまず判断しなくてはなりませんが、その判断は誰がどのようにして確認するかということが問題になります。

　このことに関して、次のような通達が出されています。「産業用ロボットを使用する事業者が、労働安全衛生法第28条の2による危険性の調査（リスクアセスメント）に基づく措置を実施し、産業用ロボットに接触することにより労働者に危険の生ずるおそれが無くなったと評価できるときは、本条の『労働者に危険が生ずるおそれのあるとき』に該当しないものとすること。評価結果は、リスクアセスメント指針に基づき記録し、保管するものとすること。」（平25.12.24基発1224第2号）

　ということで、関係する作業者全員でリスクアセスメントを実施して安全であること、残留リスクや緊急事態の対策とを検討し、周知徹底すれば安衛則第150条の4の違反は成立しないものと考えられます。言い換えれば、産業用ロボットと人間が協働して作業ができるということを意味しています。

　ただし、私は、機械は故障するものであるという考えを持っていますので、自動停止した場合の再起動は、自動ではなく再起動の操作をしなければ当該産業用ロボットが作動しない機能を追加して設けた方がより安全だと考えます。最低限運転再開のブザー等の合図が必要だと考えます（安衛則第104条第1項）。

**Q63** リスクアセスメントをしなくても「さく又は囲い等」を設けなくてもよい場合があるということを聞いた。どういう場合か？ この場合、産業用ロボットに接近して、共同で作業できるということか？

**A 63.** ISO 規格に定める本質的安全対策を講じた産業用ロボットの場合は、リスクアセスメントをしなくても、協働作業が可能です。

　平成25年12月24日付基安安発1224第2号では「ホ　国際標準化機構（ISO）による産業用ロボットの規格（ISO10218―1：2011 及び ISO10218―2:2011）により、それぞれ設計、製造及び設置された産業用ロボット（産業用ロボットの設計者、製造者及び設置者がそれぞれ別紙に定める技術ファイル及び適合宣言書を作成しているものに限る。）を、その使用条件に基づき適切に使用すること。なお、ここでいう「設置者」とは、事業者（ユーザー）、設置業者、製造者（メーカー）などの者のうち、設置の安全条件に責任を持つ者が該当すること。」という通達があります。

　この、ISO10218―1：2011 及び ISO10218―2:2011 に対応するものとして、日本工業規格（JIS B 8433-1、JIS B 8433-2）があります。

　また、「別紙」（技術ファイルおよび適合宣言の内容）は次のとおりです。

**1．技術ファイルの内容**
① 機械の全体的説明
② 機械の全体図、制御回路の図面および運転の理解に必要な関連する記述と説明
③ 機械が本質的な安全および健康の要件に適合していることの確認に必要な、完全な詳細図面、付随する計算書、試験結果、証明書等
④ 以下の内容を含む、リスクアセスメントを実施した手順を示す文書
- 機械に適用される本質的な安全および健康の要件のリスト
- 同定された危険性または有害性の除去またはリスクの低減のために実施された保護方策の説明および該当する場合機械に関連する残留リスクの明示

⑤ 使用した規格および他の技術仕様書、また、それらの規格等に含まれる本質的な安全および健康の要件の説明
⑥ 製造者または製造者もしくは正式な代表者により選定された機関によって実施された試験の結果を示す技術報告書
⑦ 機械の取扱説明書の写し
⑧ 該当する場合は、組み込まれた部分完成機械の組込宣言書および当該部分完成機械に関する組立て説明書

**2．適合宣言書の内容**
① 製造業者の名称、住所および正式な代表者の氏名
② 上記1の技術ファイルを編さんする権限を付与された者の名称および所在地
③ 総称としての表示名、機能、モデル、型式、製造番号、商品名を含む機械の説明および識別方法
④ 機械が、適合性を宣言しようとする安全規格の全ての関連規程を満たしていることを明白に宣言する文書
⑤ 該当する場合、その他使用された技術規格および技術仕様書の参照
⑥ 適合宣言を実施した場所および日付
⑦ 製造者またはその正当な代表者の代理として適合宣言を作成した者および署名

X 安衛則第150条の5（検査等）関係

**Q64** 修理およびメンテナンスを行う場合、安衛則では、2人以上で作業を行わなければならない等の規定はあるか？

**A64.** 安衛則第150条の5では、ロボットの運転を停止して行うのが原則で、その場合は起動装置に作業中である旨の表示を行えば良いとしています。しかし、ロボットの運転中に検査等の業務を行わなければならない場合には、いろいろな規制をしているのですが、それでも必ず2人で行う旨の規定はありません。

　安衛則150条の5では、「産業用ロボットの運転中に作業を行わなければならない場合において、… 作業に従事している労働者又は当該労働者を監視する者が異常時に直ちに産業用ロボットの運転を停止することができるようにするための措置を講ずること」、と規定し「又は」となっています。

　つまり、検査・点検作業者が非常停止装置を持っていれば必ずしも監視人、つまり2人以上での作業を求めていません。

　しかしながら、修理等の作業に従事する人は自分の作業、手元の作業に集中して全体を把握しにくいので、通達で、できるだけ監視人もしくは監視ビデオカメラの設置が望ましいとしているのです。

**Q65** ロボットを組み込んだ装置を製作、立ち上げする業務が多いが、デバック等の非定常作業においても作業規程は必要か？

**A65.** デバックとはバグの修正、つまり何らかの問題があったときの修正、矯正、復帰作業のことだと思います。これは、安衛則第150条の5の「修理、調整等」の作業に該当するものと思われます。その場合は作業規程を定めそれに基づいて作業を行わせなければなりません。

常識的に、通常予想される修理、調整等の非定常時作業に何の作業手順書もなしに高価な産業用ロボットをデバック等の調整等をさせる企業はあまりないと思います。

### Q66 トラブル発生後の復旧手順書作成にあたってのポイントは？

**A66.** 安衛則第150条の5の作業規程に記載すべき事項のほか、以下に注意を払う必要があると思われます。

修理の内容が電気系統であった場合は、部品交換のため不良品を回路から外したり、配線のやり直しを行うことがよくありますが、この場合仕様の誤った部品を取り付けたり、配線ミスを起こすことがあります。そこでこの場合は必ず試運転をしますが、このときマニプレータが思わぬ作動をする危険があります。簡単な修理がより大きな故障やトラブルにつながることもあるので、そのことを忘れずに作業規程に記載してください。

それから、故障した機械あるいはその一部を取り外して他所で修理し、修理したものを再び元の場所に据え付けることがあります。このとき、他の関連機械との電気信号の取り合いや設置寸法が変わっていたため、思わぬ動きを生じて衝突、激突事故を招く危険性も少なくありません。一般に修理した機械は、修理前の性能とわずかながら相違を生ずるもので、プログラムの修正、手直しが要求されることがあります。これらを確認せずいきなり修理前のプログラムを使用すると、マニプレータが関連機械と干渉したり、ワークを放出するなど思いもよらぬ事故が発生することがあります。

ともあれ作業規程に詳しい修理方法の仕方を記載することは当然ですが、一番重要なのは試運転の励行と試運転時の注意事項を（可動範囲内作業なら必ず監視人立ち会いのこと等）しっかりと記載し、できれば検査者全員でのリスクアセスメントを実施した上での作業規程を作成していただきたいです。

## Q67 ロボットを清掃する際に必要なことは、「作業中である表示」のみで良いか？

**A 67.** 掃除と給油の作業者には特別教育は法令上は必要ありません。そして掃除または給油を行う場合は、原則としてロボットの運転を停止しなければなりません（安衛則第150条の5本文）。その場合は起動スイッチに錠をかけ、かつ作業中である旨の表示をしなければなりません。したがって、錠をかけることも忘れないでください。

もしどうしても、運転しながら行う場合には、非常停止装置を持たせ、なおかつできるだけ監視人を配置してください。規則上は作業者本人が非常停止装置を持っていればＯＫですが、仕事に熱中していて危険に気づくのが遅れるので監視人の配置が望ましいのです。

## XI 安衛則第151条（点検）関係

**Q68** 非常停止ボタンについて、産業用ロボットが設置されている設備に関して、ティーチングペンダント以外で設備側に非常停止ボタンを取り付けることは「義務」なのか？その場合、根拠となる法令はあるか？

**A68.** 安衛則上非常停止装置の規定があるのは第151条第1項第3号だけです。そこには、教示等の作業の開始前に次の事項について点検することとし、「制動装置及び非常停止装置の機能」と規定していますが、非常停止装置がどこにあるかの規定はありません。

　では、非常停止装置が使用される場面はどこかというと、教示等を行う場合でティーチングをしている本人か当該労働者を監視している者が「異常時に直ちに産業用ロボットの運転を停止する」（安衛則第150条の3第1項第2号）、検査等を行う場合で、検査をしている本人か当該労働者を監視している者が「異常時に直ちに産業用ロボットの運転を停止する」（安衛則第150条の5第1項第2号）です。産業用ロボットの定常運転に関しては非常停止装置の規定はありません（安衛則第150条の4）。

　次に、「産業用ロボットの使用等の安全基準に関する技術上の指針」（以下「指針」という。）では、2－1－4操作盤の項の（1）共通事項のロに「操作しやすい位置に、赤色で、かつ、操作しやすい構造の非常停止装置用のスイッチが備えられていること。」との規定がありますので、固定操作盤（設備側）とティーチングペンダント等可搬型操作盤の双方に非常停止装置スイッチが必要ということなります。

　非常停止装置の設置は教示等と検査等の作業だけを想定し、自動運転している産業用ロボット本体に非常停止装置を設置することは求めていません。しかし、多くの場合非常停止装置は見やすい場所にあるのが一般的です。

**Q69** 始業時の確認（点検）には、何か留意するポイントはあるか？
❶ 点検の頻度はどのくらいか（1回／日など）
❷ ロボットが24時間稼働の場合は？
❸ 物を掴むマニプレータの点検は、実荷重で行うのか？
❹ 点検と検査の違いは？

**A69.** 始業開始前点検について安衛則では、プレス機械等だけ（安衛則第136条）にしか実施を求めていません。したがって、❶❷❸について、つまりロボットの始業開始点検は義務付けていません。しかし義務付けてはいませんが安全確認のために実施することは大変良い事なので、是非実施していただきたいと思います。その場合の点検の頻度、点検項目は御社の自主的判断で差し支えありません。

　❹の点検と検査の違いですが、検査は安衛則第150条の3に、点検は安衛則第151条に規定があります。それ以外にも、法定ではありませんが月例点検、3月点検、6月点検、年次点検があります。

　検査等とは、一定時間ごとの定期検査、あるいは位置ズレや製品にちょっとした瑕疵が認められる等の若干の不具合による随時検査、簡単な修理、調整（教示に該当する物を除く）もしくはこれらの確認の作業をいいます（安衛則第36条第32号）。

　検査等には、必要な機器を操作することによる検査、修理もしくは調整またはこれらの確認が含まれます（昭58.6.28基発第339号）。もう少し具体的にいうと、新設・回収時、修理・調整時の検査で多くは安全プラグ、リレースイッチ、リミットスイッチ、それらの回路の点検・確認作業です。一番重要な検査となります。

　安衛則第151条にいう点検とは、教示等の作業を行うときには、次の項目について点検し、補修その他必要な措置を講じなければならない、というもので、毎日の点検ではなく教示作業する前の点検であることに注意してください（しかし、毎日始業開始前点検をすることは望ましいことなので、多くの企業では行っているようです）。

　しかも点検項目は、①外部電線の被膜または外装の損傷の有無、②マニプレータの作動の異常の有無、③制動装置および非常停止装置の機能が絶対（最低）点検項目となっています。当然それ以外にも事業場が作成した独自の点検項目を追加して差し支えありません。

　次に法定外の定期点検があります。産業用ロボットの取付け固定ボルト、ケーブルコネクタの緩みの検査、油圧タンク、エアーシリンダ等のフィルタの目詰まり、漏れ、バックアップ電池のバッテリーの充電状態の確認、各種ギア、ベルト等の緩み、遊び状態、コントローラ内のデータのバックアップ等々各企業ではメーカーと相談したり、

取扱説明書から独自の定期点検項目を策定しています。定期点検は1カ月ごとの月例点検、3月点検、6月点検、年次点検などは法定実施項目ではないのでその企業独自で定めています。なお、「産業用ロボットの安全管理―理論と実際―」(中央労働災害防止協会 編)には新設時・改修時の検査と、3月、6月、1年、3年、6年の定期点検項目等が記載されていますので参考にしてください。

それから異常時の点検があります。ユーザーで対応できないものもありますのでメーカーとどう連絡するか等についての手順を決めておく必要があります。

なお、可動範囲内で検査等をする場合で、ロボットを停止していない場合は、不意の起動も考えられるので検査のときには監視人を必ず立ち会わせるという企業も少なくありません。また、当然特別教育の実施は必要です。

**Q70** 安全防護機能の定期点検について、非常停止機能の確認のため、ライトカーテン、安全マット、ドア等の確認は「教示等」における作業前点検の一部と考えて良いか？

**A70.** 産業用ロボットについては安衛法第45条1項、施行令第15条第1項の法で定める定期点検の対象機械とはなっていません。一方、安衛則第151条では、教示等の作業前に点検すべきとあり、その点検項目に「制動装置及び非常停止装置の機能」があります。

ライトカーテン、つまり光電管式もしくは赤外線式遮断機、安全マット、ドアのインターロックスイッチ等はすべて非常停止装置に該当しますので、これらを定期的に自主的に毎日点検していれば、教示前の始業点検の一部と考えて良いと思われます。

## XII 産業用ロボット技術上の指針関係

**Q71** 制動装置のないロボットの非常時の対策は、制動装置のあるロボットに比べて追加すべき事項はあるか？また、制動装置のないロボットは、停電などの非常事態発生時に、直下あるいは付近にあるワークに損害を与えることが多いため、何か対策はないか？

**A71.** 制動装置には大きく分けて①電気駆動方式、②油圧駆動方式、③空気圧駆動方式があります。制動装置は動力を産業用ロボットに与えマニプレータを動かすために必要で、制動装置のないロボットというのは存在しません。したがって、質問は制動装置ではなく非常時に制動装置にブレーキをかけるなどしてロボットを急停止させるための「非常停止装置」としての非常停止ボタンと、それを知らせるための警報装置などがロボットに内蔵されているか否かということで回答します。

　非常停止装置とは「産業用ロボットの使用等の安全基準に関する技術上の指針」によると、「異常時に直ちに運転を停止することができる装置」とあります。これはいかなる状況でも非常停止装置を作動させればロボットを停止できることを意味し、産業用ロボットの装置の機能ではソフトウエアが介在しない、装置の元の方で駆動源を遮断するようになっている場合が多いです。

　非常停止装置の設置については、教示等の作業、検査等の作業で、監視人が異常時に直ちに産業用ロボットの運転を停止することのできるようにするための措置を講ずる(安衛則第150条の3第1項第2号、第150条の5第1項第2号)と規定されており、非常停止装置がないロボットは存在しませんが、それが内蔵されるべきか否かは直接規定されていません。

　非常停止装置とは、機械やセンサが自動的にロボットの駆動源を遮断するのではなく、人が異常を発見して（発見の仕方は目視等による現認だけでなくブザー、センサによる警告ブザー等もある）、人為的に急停止させることをいいます。それに用いられる装置は、①非常停止の司令を発するもの（停止ボタン等）、②ロボットを急停止させるもの（ブレーキ等）、③非常停止したことを知らせるもの（ブザー等）から構成されています。

　非常停止信号で駆動源を遮断する方法は、モーターへの動力のみを遮断する場合と制御電源全体を遮断する場合があるので、使用するロボットの非常停止信号の有効範

囲を事前に確認しておく必要があります。

　非常停止信号がモーターの動力のみを遮断する場合は、制御装置はまだ機能しているので非常停止をかけた要因を取り除けば、停止した位置からの再起動が可能ですが、制御装置まで遮断した場合は、その後の復帰に多少の時間を要する場合が多いです。

　「非常停止ボタンは他の操作ボタンより大きく、赤色のキノコ形など操作しやすい構造のものを用いなければならない（JIS B 9960－1）。かつb接点（常閉接点）<sup>(※)</sup>でロック付き（ボタンから手を離してもその状態を保持する機構）のものを使用しなければならない。」とされています。

　さて、ご質問の非常停止装置が内蔵されていないロボット（非常停止装置がペンダントスイッチに組み込まれている場合など）の非常時の対策ですが、有線でロボットと接続している場合は、ティーチングペンダントや操作ボックスを頻繁に持ち運ぶため、ケーブルが損傷し断線する可能性が多いです。そのため断線等が発生した場合には、その時点で非常停止と同等の信号が発せられるb接点で非常停止回路を構成する必要があります。こうすればロボットの動きが止まり生産活動は停止しますが、断線のため非常停止が効かないということは起こりません。

　無線ＬＡＮなどで接続している場合も、無線ＬＡＮの環境が構成されていない等の場合も、非常事態が発生したとみなしてロボットを緊急停止させるようソフトまたは回路を構成すべきです。

　次に、停電などに対する対応ですが昨今、人工透析や保育器、手術の多い病院などでは、停電に対して自動的にバッテリーによる送電とその後の自家発電機を装備しています。

　どうしても製品をお釈迦にしたくないなら、これらの安全対策を検討したら如何でしょうか。

### 【ノーマルオープン型スイッチとノーマルクローズ型スイッチ】

（a）ノーマルオープン型　　　　（b）ノーマルクローズ型
　　（a接点タイプ）　　　　　　　　（b接点タイプ）

通常は接点が開いており、ボタンを押すことによって、接点が閉じる構成のスイッチ。通常は白丸で表す。

通常は接点が閉じており、ボタンを押すことによって、接点が開く構成のスイッチ。通常は黒丸で表す。

---

（※）b接点（常閉接点）：常時閉じていて（ON状態）、動作したときに回路を開く（OFFする）接点のこと。反対がa接点（常開接点）といい常時開いていて（OFF状態）、動作したときに回路を閉じる（ONする）接点。それ以外にc接点（切替接点）a接点とb接点の両機能を持った切換え接点がある。

**Q72** ロボットを非常停止した場合、セオリーとして電源断を行うはずだが、設備の都合上（動作・構造）、非常停止と同時に電源断をしたくない。そこで、例えば非常停止から 0.5 秒後に電源断としたいが、これで安全対策上問題はないか？

**A 72.** 非常停止装置とは「産業用ロボット使用等の安全基準に関する技術上の指針」によると、「異常時に直ちに運転を停止することができる装置」とあり、「直ちに」がどれくらいの時間なのかは直接の説明はなされていません。異常時が製品に関することだけでなく人間に及ぶ場合もあり、人命尊重の観点でもできるだけ短時間で運転を停止させる必要があります。

　しかしながらロボットのマニプレータの重さ、速さ（加速度）、強さは一律ではなく、それぞれ異なるので、0.5 秒の時間差を認めても重篤な災害が起きないことをリスクアセスメント等で確認してからならば、安全対策上問題はないと考えられます。逆に 0.5 秒を短縮可能なのに、あえて遅らせ重大な災害を生じさせた場合は、民事裁判ではかなり不利となるものと思われます。労働災害ではなく単なる事故、製品の毀損を防護するためだけなら 0.5 秒の遅延措置も認められると思われます。


**Q73** 可動範囲に関して、最大可動範囲内に「電気的又は機械的ストッパーがある場合」とあるが、具体的にどのような状態のことをいうのか？

**A 73.** A 61 でも述べましたが、電気的ストッパーとは、例えばロボットが一定以上のところを越えようとした場合に電気的な接点がつながり（あるいは切れ）駆動電源が切れる、あるいはブレーキが掛かるというセンサのことで、産業用ロボットの技術上の指針の 3 − 2 では、「ロボットのプログラムによる制御回路と独立したものであること」となっています。一般にノーマルクローズの電磁ロック式ストッパーを使用しています。

　機械的ストッパーとは、柱とか堅固な作業台とか、ロボットを物理的に阻止できるストッパーのことです。同指針では「機械的ストッパーは、十分な強度を有すること」と示されています。

### 6 止める、呼ぶ、待つがやっぱり大切

　雇入れ時教育等で、新人に対して「止める、呼ぶ、待つ」の重要性を強調している企業が多いですが、こと産業用ロボットに関しては、新人だけではなく一般の作業員や特別教育修了者にもこの言葉が当てはまりそうです。

　平成12年から21年の10年間の産業用ロボットによる災害では、厚労省の資料によれば23人が死亡しているそうです。これは同時期のプレス災害による死亡者21人より多いのです。この災害のうち自動運転している産業用ロボットが、何らかのトラブルで一時停止（条件待ち）している際に、労働者がトラブル対応のために可動範囲内に侵入し、マニプレータに挟まれることによる災害が圧倒的に多いという事実を認識すべきだと思います（23件中運転トラブル処理中が18件78.2％にもなる。ちなみに自動運転中が2件、ロボットまたは周辺機器の保守時が3件）。

　安衛則第150条の4では、可動範囲内に立ち入ることを禁止し、立ち入った場合にはロボットを停止させるインターロック等を設けることを求めていますが、本書の「災害事例」にみるように、このインターロックの故障、不備、無効化による災害が多いのが実態です。

　「止める、呼ぶ、待つ」の「止める」は、「駆動源の遮断」だけでなく「運転の停止」を意味しています（安衛則第150条の5）。

　そして「呼ぶ」は、たとえ特別教育の修了者であっても、パーフェクトに処理・判断できるとは限りません。多くの災害は単独作業中でのことなので、システムが分かる人を呼び、その人に緊急停止装置を持ってもらい、その人の監視のもとでトラブルの処理をすべきなのです。

　「待つ」ということは一定のトラブル処理ができる人にとっては、おそらく一番難しい行動だと思います。しかし、作業を監視し、緊急停止装置を持っている人無しに作業を行い、結果として災害が発生した場合、ラインの停止時間は人を待つ時間よりも何十倍にもなる、ということですから、メンタル部分も含めた安全衛生教育の充実がのぞまれます（参考文献「産業用ロボットによる労働災害の分析とアンケート結果に基づく規則改正の提言」労働安全衛生研究　Vol. 5、NO. 1）。

# XIII その他の安全関係（包括的指針等を含む）

**Q74** インターロックは様々な種類のものがあるが、フェールセーフのものであれば、どれでも問題ないのか？ カテゴリー3、4等あるが、これでなくてはならないというものはあるのか？

**A74.** 安全確認の「原理」として、「①危険を伴う作業（行動）は安全の確認に基づいて実行される。そして②安全の確認には誤りが許されない。」があります。これらの「原理」は、「安全確認⇒運転ＯＫ」の原則であるということができます。このことから安全の『目的』は「運転ＯＫ」であり、その『手段』が「安全確認」という関係になります。そして②は「不安を危険とみなして無理な運転を禁止する。」であり、それがフェールセーフ原則です。

インターロックにはフールプルーフの危険検出型と、フェールセーフの安全確認型に分けられます。フェールセーフ型のインターロックとしては「電磁ロック式可動ガード式」などがあります。

電磁ロック式可動ガードとはガードが電磁的にロックされない限り機械が起動せず、機械が完全に停止しない限り、かつ電磁ロックが解除されない限りガードが開かない構造の可動ガードのことです。電気回路はｂ接点となっています。さらに安全なのは、キー付き電磁ロック式可動ガードです。第三者が誤って機械を作動させないよう、キーのついた電磁ロック式可動ガードのことです。

フェールセーフについては「工作機械等の制御機構のフェールセーフ化に関するガイドライン」（平10.7.28 基発第464号）があります。これによると、フェールセーフ化の一般方法として、①オフ確認、②再起動防止、③ノーマルクローズ型の利用、④強制引き離し、⑤相反モードによる監視の利用、⑥発振回路の利用、⑦交流信号の利用、⑧淵源枠外処理、⑨フェールセーフなチェック回路の利用、⑩二重不一致検出、⑪バックチェック、⑫非溶着、⑬その他非対称誤り特性を持つ物理的特性の利用、が示されていますが、実際の運用ではノーマルクローズ[※]が推奨されています。個々の説明は当該ガイドラインで確認してください。

安全カテゴリとは、リスクの評価に基づき、安全を確保するための機能（安全機能）を決定する上での指標として、制御システムに安全関連部を規定するためISO13849-1で定めているもので、安全に関わる制御システムが故障した場合の安全

機能の維持能力を分類したものです。

　カテゴリBと1〜4の5段階に分けられ、Bが一番基本的な要件であり、カテゴリ4が一番安全対策がとられているとしています。

　カテゴリBは「故障発生時安全機能を損なう場合が十分に起こりえる」というレベルなのでインターロックとしては不可です。カテゴリ1は「カテゴリBと同様であるが、安全関連部の安全保護機能の信頼性は高い」、カテゴリ2は「安全機能の消失はチェックによって検出されるが、チェックとチェックの間では安全機能を損なう場合がある」としていることから、安全確認が完全に担保されないことからやはり不可とせざるを得ません。

　カテゴリ3は「単一故障で安全機能は損なわれない。すべてではないが、故障の検出ができる未検出故障の蓄積によって安全機能を損なう場合がある」、カテゴリ4は「故障が生じた場合、常に安全機能は損なわれない。故障は安全機能実施の前の段階で安全機能実施が必ず間に合うように、予防設置として検出される」ということなので、カテゴリ4が一番推奨されます。リスクアセスメントでロボットの荷重、加速度等でそれほど重篤な災害が予測されない場合はカテゴリ3でも可と判断されます。

（※）ノーマルクローズ：エネルギーを供給すると「ON」し、エネルギーの供給を断つと「OFF」するように制御すること。すなわち電源を「ON」にしたら、人間に対して危険側になり、電源を「OFF」したら安全側に動作するようにしておく。逆に「ON」で待機し、「OFF」で動作する構造は停電すると勝手に動作してしまうからである。

## Q75 安全カテゴリの規定はあるか？

**A 75.** A 74を確認してください。ISO13849-1を受けてJIS B 9705（2000）でもカテゴリを発表しています。

**【JIS B 9705（2000）におけるカテゴリ要求事項】**

| カテゴリ | 要求事項の概要 | 制御システムの動作 |
|---|---|---|
| B | 制御システムや保護装置の安全関連部は、想定される外的影響に耐えられるよう、適切な規格にしたがって設計、構成、選定および組立がなされること。 | 故障発生時、安全機能は失われる。 |
| 1 | カテゴリBの要件を満たすこと。<br>十分吟味された高い信頼性を示す部品を使用し、安全原則※に従うこと。 | 故障発生時、安全機能は失われるが、その発生確率はカテゴリBよりも低い。 |
| 2 | カテゴリBの要件を満たし、安全原則に従うこと。<br>安全機能が機械の制御システムにより適切な間隔にてチェックされること。 | チェックの間隔で故障が発生した場合、安全機能は失われる。<br>安全機能が失われていることがチェックによって検出される。 |
| 3 | カテゴリBの要件を満たし、安全原則に従うこと。<br>安全関連部は以下の方針に従って設計されること。<br>1．単一故障により安全機能が喪失しないこと。<br>2．できる限り単一故障が検出できること。 | 単一故障が発生した場合でも安全機能は常に維持される。<br>全ての故障が検出されるわけではない。<br>検出されなかった故障が蓄積した場合、安全機能は失われる。 |
| 4 | カテゴリBの要件を満たし、安全原則に従うこと。<br>安全関連部は以下の方針に従って設計されること。<br>1．単一故障により安全機能が喪失しないこと。<br>2．次の安全機能が動作する時、またはそれ以前に単一故障が検出できること。それが不可能な場合、故障が蓄積しても安全機能を喪失しないこと。 | 単一故障が発生した場合でも安全機能は常に維持される。<br>安全機能が失われないよう、安全機能が機能する前に故障が検出される。 |

※安全原則とは、1．短絡保護にヒューズを使用する、2．部品寸法に余裕を持たせる、定格の低減を行う、3．不具合時必ず回路オープンになるようにする、4．不具合を早期発見する、5．接地対策を行う、等のことをいいます。

ここで安全方策と安全対策の違いについて解説します。方策とは、事前に計画を立て、あらかじめ方法を検討し、策を講じることです。対策とは、何か起こった後に、

対応するための方法を検討し、策を講じることです。どちらも、策を講じるという意味においては同じですが、事故や問題が「起こってから」と「起こる前」では大きな違いがあります。

**Q76** 安全対策を怠った場合の責任の所在はどこになるのか？ ⇨ コストダウンの名目で、客先から（安全）対策品等をなくすよう指示があった場合。

**A76.** 御社が産業用ロボットの製造メーカーであるとの前提でお答えします。製造メーカーとして安全対策欠陥品をそれと知りながら製造・販売した場合には、ＰＬ法（製造物責任法）第３条に基づき、製造物責任を問われます。製造物責任を免れるためには、ユーザーからこのような指示があったということを文書で示す（証拠として残す）ほか、取扱説明書にもしっかりと「…の危険があるので、○○の対策を講じてから使用してください」等の記載をしておく必要があります。

ＰＬ法の製造物責任を問う判断基準ですが、多くの民事裁判では「機械の包括的な安全基準に関する指針」（以下「指針」という。平 19.7.31 基発第 0731001 号）を使用しています。

指針の本文３（２）使用上の情報の提供についてでは、「ア　機械の安全確保の方策は、機械の製造等を行う者によって十分に行われることが原則であるが、機械の製造等を行う者による保護方策で除去又は低減できなかった残留リスクについては、使用上の情報に含めて提供すべきものとしていること。イ　機械を労働者に使用させる事業者が法第 28 条の２に規定する危険性又は有害性等の調査等を適切に実施するためには、機械の製造等を行う者から当該機械の使用について必要な情報が提供されることが不可欠であることから、指針第２の６の(1)のウに従い、機械の製造等を行う者が、当該機械を譲渡又は貸与される者に対し、使用上の情報を適切な方法により提供することが重要であること。」としています。

指針第２の６の(1)のウでは「別表第５に定める方法その他適切な方法により、機械を譲渡又は貸与される者に対し、使用上の情報を提供すること。」と記載されています。

いずれにしろ、この指針には罰則がないので、労基署では指針に基づく行政指導とならざるを得ないのですが、労働基準監督官もしくは労基署長は、法令違反ではなく

とも「労働災害発生の急迫した危険があり、かつ、緊急の必要があるときは、必要な限度において、事業者に対し、作業の全部又は一部の一時停止、建設物等の全部又は一部の使用の一時停止その他当該労働災害を防止するために必要な応急の措置を講ずることを命ずることができる。」（安衛法第99条）の規定を適用する場合もあります。

　原則は、産業用ロボットのユーザー事業者が当該ロボットを使用する前にリスクアセスメントを行い、自らの労働者の安全を守らねばなりません。メーカーも製造段階でリスクアセスメントを実施して、残留リスクの情報をユーザーに伝えるということになっていますが、ユーザーの言いなりに欠陥機械を製造して労働者が労働災害を起こした場合は、ユーザーの事業者と製造メーカーは共同不法行為に基づく連帯責任を追及されることがあります。

　ＰＬ法に関する判例の概略は、「新指針対応 これからの機械安全」（中央労働災害防止協会編）を参照してください。

## Q77

ロボットメーカーごとに、右手直交Ｘ、Ｙ、Ｚ座標軸計が異なるが、軸名称等も含めて、統一することは不可能なのか？（誤操作防止のため）

**A 77.** 確かにそのとおりだと思います。

　もともとは、デカルト座標軸が基本でした。まず平面上に直線を一本引きます。この直線をＸ軸と呼ぶことにし、次にこのＸ軸に対して、原点から直角にもう一本数直線を引き、これをＹ軸と呼ぶことにします。しかし、このＹ軸の引き方は、人により自由です。デカルトはＹ軸の向きはＸ軸の正の向きに対して一直角分反時計回りに回転した向き（右手系）とするとしています。Ｘ軸とＹ軸が交差する点を原点といいます。そしてこの原点でＹ軸の正の向きに対して同じく一直角分反時計回りに回転した向き（右手系）をＺ軸とする、としているのですが、これが勝手に解釈されているようです。

　ＪＩＳ Ｃ 5101-26というのがありこれは座標軸の指定を行っているのですが、電子機器用固定コンデンサーに関するものだけで、産業

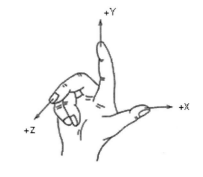

用ロボットに共通の基準はないようです。メーカー団体等で話し合えば良いのですが、なかなか難しいようです。

　厚労省でも産業用ロボットに構造規格を設けることを検討はしているようですが、特定機械等に昇格させるのは、規制緩和の流れの中では難しいと思われます。

**Q78** 上肢が固定ガードの開口部から侵入する際の、安全距離についての考え方を知りたい。また固定ガードの高さについて定められている規定を知りたい。

**A78.** 「機械の包括的な安全基準に関する指針」（平19.7.31基発第0731001号）の別表第２「本質的安全設計方策」の２に、腕の安全最小距離（隙間）は120mmとあり、これはJIS B 9711:2002と同じものです。

　固定ガードの仕様については、同指針別表第３「安全防護の方法」の２「安全防護領域は次に定める領域を考慮して定めること」に（１）から（４）まで規定がありますが、例えば（２）機械的な危険性又は有害性について、労働者の身体の一部が最大動作領域に進入する場合には、進入する身体の部位に応じ、挟まれ等の危険が生じることを防止するために必要な空間を確保するための領域、のように具体的に高さ何センチ以上でなければならない、というような規定はありません。身長が異なるので一概には言えないからだと思います。ともあれ架設手すりの高さ85cm以下の、簡単に乗り越えられる高さの安全柵は不可でしょう。

　ただし、別表第２の最小安全距離には、人体の防護には隙間は150mm以下、頭なら隙間は300mm以下というのがあり、隙間についての規定はあります。

**Q79** 動作基準位置の確認方法は、座標表示の確認または原点表示ランプ点灯の確認で可能か？

**A 79.** 一般に、当日の作業開始時に産業用ロボットの駆動電源を初めてONにすると、原点に復帰しているはずです。もし、復帰していない場合は、「定位置復帰キー」を押して、定位置復帰を確認します。原点復帰が可動範囲外から目視等で確認できればそれで良いのですが、確認できない場合、原点確認センサがあればそのセンサの表示ランプで確認します。確認センサがなければ、操作盤の表示スクリーンにて座標軸が決められた位置を示しているかで確認します。

定められた位置にない場合は、操作盤からX、Y、Z軸の位置データを打ち込み、位置決めを行います。

ということで、一般に原点表示ランプ点灯の確認で可能ですが、センサの不備も考えられますので、操作盤表示スクリーンで座標位置の再確認が必要な場合もあります。

**Q80** ロボットの原点復帰時の干渉防止方法について教えて欲しい（例えば、いきなり停止して、わからずに原点復帰ボタンを押し、治具に干渉した等）。

**A 80.** トラブルがあったとき、一般にロボットはトラブルが発生した地点から原点に最短距離で直線的に復帰してしまいます。そのためワークや治具に衝突することがあります。

これを回避するためには、原点復帰地点を本来の原点ではなく、どこからも安全に戻れる地点を指定するか、もしくは必ずその地点を経由してから原点に復帰するようプログラムするしかありません。

# XIV その他

**Q81** 特別教育実施時のインストラクターの責任に関して、教育を実施したインストラクターには事業者と同等の法令上の義務が生じるか？

**A81.** 特別教育の実施責任者はすべて事業者です。仮に特別教育の内容が不十分とか誤ったことをインストラクターが受講者に教え、それで法違反を指摘されたり労働災害や事故が発生した場合は、第一義的には事業者が責任を負います。ただし、インストラクターが故意に（不法行為であることを認識しつつ）誤った教育を行い、それによって重大な事故・災害や法違反が発生した場合は、安衛法第122条の両罰規定が適用されることがあります。

安衛法第122条とは「法人の…従業員が、その法人又は人の業務に関して、（安衛法罰条）の違反行為をしたときは、行為者を罰するほか、その法人又は人に対しても、各本条の罰金刑を科す」というものです。

違反行為をした人がインストラクターなら、そのインストラクターを罰するという意味です。

特別教育で、単なる勘違い、思い違いによる講習をしたとか、教育内容は十分でなかったとしても、それだけでインストラクターの責任を問われることはないと考えます。ただし、民事の損害賠償責任は問われることは考えられます。

**Q82** インストラクターには法的拘束力があるのか？ ⇨ 資格を持っていない者がトレーニングをすることに対する罰則（の予定など）。

また、自社製以外のロボットに対しても教育は実施可能か？ ⇨ 操作方法は各メーカーによって異なるが、Ａ社の人間がＢ社のロボットに対して教育をすることは可能か？

**A 82.** 特別教育の講師の資格については法令上何の定めもありません。これについては次の通達があります。「特別教育の講師についての資格要件は定められていないが、教習科目について十分な知識、経験を有する者でなければならないことは当然である。」（昭48.3.19 基発第145号）。

しかし、この「十分な知識、経験」がどの程度のものかは判然としません。したがって、さらに次のような通達が出されています。「特に当該教育を担当する講師（以下、「インストラクター」という。）については、十分な知識、能力、経験等を有する者を当てさせること。また、資質の向上については必要に応じ特別教育等に必要な知識等を付与するための研修（特別教育インストラクター養成講座）を安全衛生教育センター又は安全衛生団体の本部が主体となって実施することとする。なお、企業自らが実施する場合の教育担当者についても、当該研修に積極的に参加するよう勧奨すること。」（昭59.3.26 基発第148号　改正平6.2.17 基発第82号）

つまり、十分な知識、経験は、東京および大阪の安全衛生教育センターが行う「インストラクター養成講座」で付与する、という趣旨です。

なお、ここで修了証をもらったインストラクターは当然他の事業場でも特別教育を行うことができますので、いわゆる法的資格に準じた資格ということができます。

次に、インストラクターの資格のない職長がトレーニングをした場合はどうか？ということですが、職長は職長教育で作業手順の定め方、指導・教育の方法、作業中の監督および指示の仕方等を学んでいます。特に、作業手順書に従ったＯＪＴは通常業務です。したがって、特別教育を修了した者に対するＯＪＴや特別教育の実技教育を職長が担当するのは、通常の業務として認めるのがごく自然ですし、安衛法第60条（職長教育）制定の趣旨にも合致するものと考えます。

しかし、職長教育も受けない者が教育をして問題が生じた場合は、Ａ81で述べた安衛法第122条の責任を問われかねませんので、お勧めしません。

なお、富山県にあったとある産業用ロボット製造販売メーカーがインストラクターの教育を受けていないまま販売先の労働者に特別教育を実施していることを、労基署および労働局から指導されましたが、無視し続けていました。そのため全国各地のユー

ザーで労災事故が発生、このことも一因となって民事訴訟等も多発し、ＣＳＲの観点からも顧客離れがあり結局当該メーカーが倒産するということがありました。

　以上のことから、自社製以外のロボットに対してもインストラクターの資格を持ち、Ｂ社のロボットの操作、教示、検査等について、十分な知識と技能があれば問題ありません。

**Q83** 作業規程書の保管場所について、作業者が見やすいように、制御盤等の身近な場所に保管するのか？（現在は取扱説明書を保管している）、別室の保管ロッカーでも問題ないか？

**A83.** 安衛法第101条、安衛則第98条の2では、作業に必要な法令等を常時作業場の見やすい場所に掲示しまたは備え付けること、その他の方法で労働者に周知させなければならないと規定しています。

　周知の方法は、見やすい場所への掲示、文書による交付、社内ＬＡＮ、イントラネットなどです。

　通常の教示、検査等は何度も行っていれば、すでに頭に入っていて、あえて見る必要もありませんが、通常行っていない作業が発生した場合は、やはり作業規程に頼らざるを得ません。そのときに別室の保管ロッカーまで取りに行く、その間は作業を中止する、ということが徹底されるなら問題は無いのですが………。それで作業がストップして生産性がどうなのか、よく考えてください。

**Q84** 工場内の安全等のローカルルールの周知方法は何が良いかアドバイスが欲しい。

**A 84.** 周知方法は A 83 に記載したとおりですが、ルールというのはいつも使用し、確認しなければ、どんな周知方法をとっても頭の中にも身体にも染みこまないものです。
　いつも使用する方法としては、ヒヤリハット事例があったなら最低毎週 1 回は小集団活動で取り上げ、リスクアセスメントを実施することをお勧めします。なぜルール違反を起こしたかについて話し合うことでルールの確認ができるだけでなく、やりにくいルールならリスクアセスメントの中で変えていけば良いからです。

**Q85** 我が社では事故が起きるたびにルールが増え、安全の担当者や管理者であれば覚えることもできるが、開発や設計の担当者は、それ以外の業務も多く、たくさんのルールを覚えることは難しい。そのため、例えば実験エリアに関しては生産現場のルールとは分けた、簡単に守ることができ、覚えられる最低限の内容に変えたいが、この考え方は問題あるか？

**A 85.** それで安全が確保できるなら、簡略化したルールで差し支えないと思います。しかしながら、不十分だと感じたら、これなら量的にも安全対策としても大丈夫という程度まで増やさざるを得ません。
　ところで、御社の膨大な安全のルールとは一体何なのでしょうか。人の注意に頼るルールではありませんか？
　人はミスを犯す動物です。ヒューマンエラーを起こす動物です。産業用ロボットほどセンサやリミッター等の本質安全化を取り付けやすい機械はありません。もう一度ルールを追加するのではなくリスクアセスメントをして本質安全化を目指してください。

**Q86** ティーチングペンダントの保管管理に制限はあるのか？ 誰でも使えるようになっていて大丈夫か？

**A 86.** ティーチングペンダントを使用する者は、通常、教示等の特別教育を受けた者であるはずです。未教育者が可動範囲内でもしくは可動範囲外で補助者として教示作業を行うことは罰則付きの安衛法違反を問われます。関係者以外の者が簡単に手を触れることができない場所か、保管庫の鍵をイネーブルタイプにして管理監督者、職長が保管するようにした方が良いと思われます。

## Q87 ISO12100とは？取得率は？

**A 87.** ISOでは、機械の安全性第1部（基本用語、方法論）がISO12100-1:2003、機械の安全性第2部（技術原則）がISO12100-2:2003、機械の安全性リスクアセスメント第1部がISO1412-1と3つに分かれ非常に見にくく使いにくいことから、2010年にISO12100,2010として1本化したものです。その中身は厚労省の「機械の包括的な安全基準に関する指針」とほぼ同様で、JIS B 9700もほとんど同じ内容となっています。

内容は機械類の安全性－設計のための一般原則－リスクアセスメントおよびリスク低減の仕方を記述したものです。

取得率は、ネットで調べてみましたが分かりませんでした。

◆ISOはご承知のとおり、民間の団体で、お金を取って、「認証」行為を行っています。一方、厚労省の「機械の包括的な安全基準に関する指針」は無料です。ただし、指針のとおり実施しているかの「認証」とか「保証」はしてくれません。輸出業者でなければ、あえてISO取得、認証は必要ないと思われます。なおJISの方ですが、JIS規格を製品等に付ける場合は、JIS（日本工業規格）に申請し、認証してもらう必要があります。若干の費用がかかりますが、ISOのように毎年「認証」の都度、お金を払う必要はありません。

**【RA、OSHMS関係の認証件数を参考までに（2008年ISO発表）】**

| ISO9001 | | ISO14001 | | ISO/IEC27001 | | ISO22000 | |
|---|---|---|---|---|---|---|---|
| 中　　国 | 224,818 | 中　　国※ | 39,195 | 日　　本 | 4,425 | トルコ | 1,155 |
| イタリア | 118,309 | 日　　本 | 35,573 | インド | 813 | ギリシャ | 1,075 |
| スペイン | 68,730 | スペイン | 16,443 | 英　　国 | 738 | インド | 652 |
| 日　　本 | 62,746 | イタリア | 12,922 | 台　　湾 | 702 | 台　　湾 | 492 |
| ドイツ | 48,324 | 英　　国 | 9,455 | ドイツ | 239 | 中　　国 | 369 |
| 英　　国 | 41,150 | 韓　　国 | 7,133 | 中　　国 | 236 | ルーマニア | 347 |
| インド | 37,958 | ドイツ | 5,709 | イタリア | 233 | ポーランド | 268 |

※環境汚染のひどい中国がISO14001（環境マネジメントシステム）の認証件数が世界一であることに疑問を持つかもしれません。これはISOの認証事務所は各国でその判断基準が異なることによります。簡単にいえば、中国のISOの認証適用＝判断基準が"甘い"ということを示しています。別な意味では、「お金を払えば…OK」ということかもしれません。

## 7 からくり人形は産業用ロボットの原点

閑話休題

　江戸時代にさかんに作られた「茶運び人形」「茶酌人形」などのからくり人形は、ゼンマイやおもり等を動力にして、歯車、滑車、ひもなどを駆使して、人形に一定の労働をさせています。

　「文字書き人形」は、寿という字を色紙に書いた上、その作品を観客に見せるというパフォーマンスを見せてくれます。しかも筆をとる人形の表情、仕草がユニークで、私はからくり人形の最高傑作ではないかと思っています。

　「段返り人形」というのは、バック転をしながら階段を降りるという、これもすご技の人形です。これも最高傑作に含めることができます。

　さらにこれらの知識と技術は、田中久重が制作した「万年時計」に集約されています。万年時計は人形ではありませんが、これを分解・整備した現代の技術者も舌を巻くような技術と賞賛しています。

　この歯車、滑車等がいわゆる固定シーケンスといわれるものですが、コンピュータがなかった時代に和時計（夏と冬で一刻の時間の長さを自動的に変える等）のような複雑な動きを、どうやって正確に計算して歯車の数、径、枚数等を決めたのか大変興味深いものがあります。これらの作品を見ていると、モノとはいえ製作した人の「思想の塊」ではないのか、とさえ感じさせます。

　江戸時代のこうしたモノ作りの技術と精神があったからこそ、世界最高峰の産業用ロボットを産む現代の日本につながっているのではないか、そんな気がしました。

　なお、国立科学博物館 鈴木一義 氏はこう述べています。「江戸時代は世界史上でも例のない平和の時代が、260年以上も続いた時代である。／その中で培われた技術の蓄積には、今日でも驚くようなものがたくさんある。／特に平和であったことにより、芸能や絵画、工芸などの分野に優れた技術を発達させている。／からくり人形なども、当時の最高の技術で作られたひとつと考えて良いだろう。」

　米軍はサイボーグ兵士を作ろうとしているという報道がありました（2016年1月22日ヤフーニュース他）が、私はロボットを平和目的以外では使わない、そういう国際条約が必要ではないかなと改めて思いました。

**Q88** 日本工業規格と国際規格、どちらで教育したら良いか？

**A88.** 輸出が中心の企業はISO等の国際規格によるべきだと考えますが、JISも国際的には決して見劣りはしていません。ただし、JISを取得できるのは日本に籍のある法人だけで外国の企業は取得できません。

問題は国際規格で教育するといっても、適切な教材、テキストがあるか、ということでしょう。

**Q89** 教育の重要性を周知するために、法令・罰則等の詳細を知りたい。

**A89.** 憲法の次に重要なものは衆参両院で可決した法律です。法律は天皇陛下が一つずつサインをし国印を押します。これを「御名、御璽」といいます。労働安全衛生法（以下「安衛法」という。）がそれに該当します。

その下に政令というのがあります。法律の委任を受けて定義とか法律を補足するもので、閣議決定で作成され、内閣総理大臣名で公布されます。全閣僚（国務大臣）がサインのほか花押を描きます。天皇陛下はサインしません。したがって、政令＝閣議決定は法律より格下に位置付けられています。閣議決定に基づいて法律を作るということはアベコベだと批判することができます。政令に該当するのが安全衛生法施行令（以下「令」という。）です。

その下に省令があります。これは法律や政令の委任を受けたもので、労働政策審議会の意見を聞いて、厚生労働大臣名で公布されます。労働安全衛生規則（以下「安衛則」という。）とか有機溶剤中毒予防規則などの各種規則がこれに該当します。

罰則は、原則として法律で定められますが、法律の委任を受けた政令、省令にも付けることができます。例えば、安衛法第20条第1項（事業の講ずべき措置）を受けて、安衛則第150条の3（教示等が定められており、安衛法第20条については安衛法第119条第1項第1号で「6月以上の懲役又は50万円以下の罰金」という刑罰が科せ

られているので、その委任を受けている安衛則第150条の3にも同様の罰則が適用されるという仕組みになっています。

安衛法第59条3項は特別教育の実施の規定ですが、これを受けて安衛則第36条第31号（教示作業者への特別教育）や第32号（検査等作業者への特別教育）が定められています。そして安衛法第59条第3項は同じく安衛法第119条第1項第1号で懲役と罰金の罰則が適用されているので、安衛則第36条第31号にも同じ罰則が適用されることになります。

この罰則の適用は、すべて事業者、つまり株式会社ならその会社に課せられます。会社は法人ですので、無実であるとか予見不可能（不可抗力）であったとかの抗弁はできないので、実際は代表取締役が弁護士をたてて争うわけです。検察庁に書類送検される前の取り調べ段階でも法人を代弁して代表取締役が特別司法警察官である労働基準監督官に弁明したりします。

検察庁に送検される場合には次のように記載されます。「送致書」被疑者○○株式会社。一行空けて、右法人　代表取締役△△　と社長の名前が連記されます。

起訴され裁判で有罪となれば、法人登記簿に安衛法××条、安衛則××条違反で罰金○○万円と記載されます。法人の場合は懲役刑を科すことは原則としてありません。

産業用ロボットに関係する安衛則はすべて安衛法第20条を受けて策定されていますので、すべて罰則付きになっています。

以上が法人の罰則ですが、違反行為をした労働者にも安衛法は処罰を求めています。

一つは、安衛法第26条でこれを受けた安衛則第29条があります。安衛則第29条では労働者は安全装置等を無効にしてはならない、無効にする場合は事業者の許可を取りなさい、というようなことが規定されています。勝手に安全装置を無効にして労働災害を発生させた場合には、安衛法第120条第1項第1号により50万円以下の罰金という罰則が適用されることがあります。またこの安衛法第26条を受けて安衛則第104条第2項の運転開始の合図とか、安衛則第106条第2項の切削屑の飛来等による危険防止の保護メガネの着用とか、そのほか、安全帯の使用とか、保護具の着用、立入禁止等労働者が守らなければならないことが安衛則で定められています。

これはあまり説明したくないのですが、特別教育を受けないで、例えば教示等の作業をしてはならない、という規定はありません。事業者に対して特別教育を行わせなければならないとし、これに罰則が適用されているだけです。

だからといって、教育を受けないまま作業をして労働災害に合うのは事業者ではなく当該労働者です。自らの身を守るとともに、社長にも迷惑をかけないためにも関係法令はしっかり遵守しましょう。

第2に、今までは安衛法第26条と第59条第3項にかかわる話で、安衛法第20条

関係は事業者が処罰されるだけで労働者には罰則の適用がないという話をしましたが、実は労働者も処罰されることがあります。それは安衛法第122条の両罰規定というものです。同条では、安衛法第119条、120条の違反行為をしたものはその行為者も処罰すると規定しています。つまり安衛法第20条の産業用ロボット関係規則、安衛法第59条の特別教育関係の違反行為をした労働者も処罰する、という意味です。

最後に、労働災害のうち法令違反は多くても2割5分程度です。法令は沢山の血が流されてやっと改正追加されていますが、全部の労働災害を防止できるほど充実していません。安衛法第3条第1項も「事業者は、単にこの法律で定める労働災害の防止のための最低基準を守るだけでなく」と規定しています。リスクアセスメントの安衛法第28条の2も、「この法律又はこれに基づく命令の規定による措置を講ずるほか」と規定しています。

本質問の多くが、これは法令に違反しないのか、と法令遵守だけを問題にしているのが多いのですが、労働者の危険防止のため、法令等を超えた安全対策を講じていただきたいと思います。

## Q90 教育の内容が妥当であると判断できる指標・根拠はあるか？

**A90.** 質問者がどういう意図で、どういう答えを求めているか分かりません。ただ言えることは、特別教育規程によりカリキュラムの時間数を行えばそれで教育をした、と言えるかです。安全教育、特に特別教育は、その作業者が安全に作業ができるように、ということで行っています。労基署が言うから、法違反になるから、ということではないはずです。

教育の内容が妥当かどうかは、受講した人が、その講義内容に納得し、共感し、やってやろうという意欲を持たせることができたかどうかにかかっているのではないでしょうか。そして、指標・根拠ですが、リスクアセスメントを実施して災害が起きる前に危険源を除去し（可能な限りリスクを減らし）、結果として労働災害が0となるのが当面の指標だと考えます。

さらに、働く者皆が、意欲と活力を持ち、創造性を発揮していく、「現場力」の強化につながる教育をしていく必要があると思います。

## XV 教育・指導関係

**Q91** 東京安全衛生教育センターの教育の案内文による、期待と共感を得るにはどうしたら良いか?

**A91.** 期待と共感を得るのは受講生の側で、受講生それぞれが異なる感じ方をしており、一概にどうしたら全員が期待と共感を得られるかは言えません。

しかしながら、当センターでは、受講生のアンケート、受講生を送り出している企業の担当者さまからの意見・要望等を踏まえ、実習用産業用ロボットの近代化と充実、講義内容の充実等に努めてきました。

インストラクターが、特別教育を行うのに自信を持って実施できるように、安全に対して夢と希望が語られるような、そのようなインストラクター講座の充実を目指し、これからも真摯に、ご意見ご要望を賜って参りたいと考えています。

**Q92** 安全教育で態度教育を行いたいが、どうすれば良いか?また、態度教育は年齢によって変化させるべきか?

**A92.** 安全衛生教育は、その内容はⅠ知識教育、Ⅱ技能教育、Ⅲ態度教育の三つに分けることができます。そして、教育方法は、①講義法、②実習、③討議法、④OJT、⑤コーチングなどがあります。

そして、態度教育には、③の討議法、④のOJTが有効だと言われています。討議法が態度教育に有効だといわれているのは、例えば作業手順が守られていない場合、皆で何故守られないのだろうか、守るためにはどうしたらよいかを話し合い、皆で行動することを決めるからです。場合によっては自己批判を求められることもあります。リスクアセスメントの低減措置も、残留リスク対策も皆で話し合い、確認されるから守られやすいのです。

ＯＪＴも、職長や先輩が直接に見て指導を行いますので、態度も同時に見ることができ、態度教育には有効だとされています。しかも最近では、⑤のコーチングの手法を取り入れたＯＪＴが主流となっています。簡単に言えば、本人に何故この作業をするのか、どうしたら作業がやりやすく、改善できるのかを考えさせることを取り入れたＯＪＴのことです。

　態度教育とは、上から目線で、規則でこうなっているからとガミガミ言ってもあまり態度は変わりません。本人が納得し、共感し、自分からこうしたい、こうするべきだと思ったときに効果があった、ということができます。それがコーチングの手法で、そのためには必ず、褒める、承認する、適切なアドバイスをするなどのフィードバック（コメント）が重要です。

　態度教育を年齢によって変えるべきかですが、経験不足とベテランの域に達している場合、つまり本人の知識と技能の変化に応じて、同じにする必要はありません。例えば、本人が一定ベテランの状況にある場合、討議法で若い人と討議させる場合とベテラン同士で討議させる場合とその効果は異なります。コーチングにしても相手の知識、経験が増えてくるに従ってコーチする側も発想の柔軟性や技術、知識の高度化が求められますので、切磋琢磨しながらコーチングするということになるでしょう。

## Q93 教育については、個人と職場とを明確に分けてやったほうがよいのか？

**A93.** 質問の趣旨がイマイチ不明ですが、産業用ロボットを使用している生産現場において、特別教育の講義部分と実技部分を別の場所で明確に分けて行うべきか、という趣旨であると理解してお答えします。

　多くの企業では、講義部分は会議室等で実技部分は現場の産業用ロボットをおいてある場所で、実機を使って行うという方法を採用しているようです。

　しかしながら、特別教育対象者がごく少数で、教室方式がとりにくい、やりにくい、ということもあり得ます。そこで、作業現場で声が聞き取れる程度の低騒音の場所を探して、インストラクターが受講者にテキストを輪読させ、１段落ごとに意味が分からないことなどを質問させ、必要に応じて産業用ロボットのそばで補足説明する、というやり方をしている例も見受けられました。講義の中に実習を織り交ぜながらやっ

ている例もありましたが、いずれも講義時間はカリキュラムの時間どおり行っていました。

講義と実習はできれば別にすることが望ましいとは思いますが、それが無理なら絶対に分けなければならないというものではありません。要するに受講者がしっかりと理解でき安全に作業できるようにするのが、特別教育の意義と目的なのですから。

## Q94 指導案の基本的構成を詳しく聞きたい。

**A 94.** 指導案というのは、教育を行うための言わば道路マップのようなものです。地図に５万分の１の地図もあれば、イラスト的な地図もあります。要するに本人が無事に目的地にたどり着くことができれば、どのような地図でもよい訳です。

指導案も、これが絶対、というものはありません。その人が例えばＲＳＴ講座修了者なのかそうでないのか、過去にどのような教え方を経験してきたかで、指導案の書き方は自ずと異なります。

しかしながら、受講生ごとに指導案の作成方法を異なって教えるのは、様々な人が集まる講座ではできませんので、東京安全衛生教育センターでは一般的な指導案の作成方法を教えています。

まず、原則としてテキストは「産業用ロボットの安全必携－特別教育テキスト－」（中央労働災害防止協会編）を使用します。

指導案の「科目」は例えば「産業用ロボットに関する知識」となり、「教育目標」は産業用ロボットの種類、各部の機能及び取扱いの方法を理解させる、「時間は２時間とします。

**第１段階**は「導入部」といい、自己紹介、なぜ特別教育というものがあるかという教育の背景、自社を取り巻く状況、災害の動向、その他教育対象者として選ばれた理由などを述べ、最後に学習事項として講義内容の大項目と概ねの時間数を提示します。これにより受講者はどのような講義を受けるかの概ねの心構えができます。

この第１段階は、単なるイントロではなく、講義内容に興味を持たせ、やる気を起こさせるために重要なものです。動機付けがうまく行くと、その後がやりやすくなるので自己紹介も含めて、工夫してください。

第2段階は「提示部」といい、講義のメインとなる部分です。実技が別に設けられているので第3段階は事実上なくてもいいので、2時間の内8割、100分近く使います。

　まず1番目に、「目次・記載事項」欄の記載の仕方ですが、特別教育テキストを使用しますので、第1編の9項目を見出しとして記載します。ただし、いっぺんに記載するのではなく（1）「なぜ、産業用ロボットで安全管理が必要なのか」、と1項目だけ記載します。次に、小見出しとして、①安全管理の重要性、②安全管理のあり方、③教示等作業・検査等作業など、を記載しますが、小見出しもいっぺんに記載するのではなく「目次ごとの狙い」欄の記載を待ってから、次の小見出しを記載してください。

　2番目に、この小見出しの項目について、「目次ごとのねらい」の欄の記入を行います。記入内容は①の内容で一番伝えたいこと、重要なことを、一言（ワンフレーズ）で記載します。とはいえ、すぐ思いついたりイメージできたりすればいいのですが、できない場合もあろうかと思います。その場合は①の「安全管理の重要性」が約3頁ありますが、これを一度通読します。通読するときに、黄色のマーカー等で重要だと思うところにアンダーラインを引いてください。アンダーライン部分が比較的少ない場合は、アンダーラインの部分をそのままあるいは簡略化して、「目次ごとのねらい」の欄に記入してください。

　もし、アンダーラインの部分が多いようでしたら、もう一度アンダーラインの部分を読み直して、更に重要だと思うところを絞り込み、そこに赤アンダーラインを黄色の上から引いてください。そして、この赤アンダーライン部分をそのまま、「目次ごとの狙い」の欄に転記してください。つまりこの赤アンダーラインの部分がこの項目で一番重要で、伝えなければならない事項という訳です。

　そして、この赤アンダーラインの記載の仕方は、単語の羅列ではなく、「～を理解させる」「～を考えさせる」「～を身につかせる」という講義内容の狙いどころを記入するのがよいとされています。

　3番目が「具体的講義（資料説明のポイント）」の欄の記載です。これは①「安全管理の重要性」という項目を講義するにあたって、どのような教材、スライド、図等を示して、どのように講義するかを書く欄です。一般的には、テキストを通読する、ポイント説明する、受講生に輪読させる、テキストの説明後パワーポイントで補足説明する、死亡災害事例についてスライドを見せて補足説明する、等々どのように講義するかを考えながら記載してください。この①の項目では、産業用ロボットの災害統計をグラフ化して示すとよく理解できると思います。

　4番目に「教材」の欄ですが、テキストを使用する場合は、T15～18P、PPTを使用する場合は、PPT 1～4、写真やイラスト図面、グラフを使用する場合はその整理番号を記載します。

5番目に「教育実施時の注意」事項欄の記載です。講義で、忘れてはならない重要事項、時間があれば補足する事項、受講者に通読させたり輪読させたときには「お礼を言うこと」等、自分が講義するにあたっての自分向けの注意事項を記載します。

　最後に「時間」の欄の記入です。多くは小項目ごとに○○分と講義の目安時間を記入します。第1編が9項目に分かれているので1項目を平均10分で講義することになりますが、(1) と (2) は、合わせて10分程度にし、重要な項目は時間をかけて説明しましょう。

　(1)「なぜ、産業用ロボットで安全管理が必要か」、の項目を書き終わったら (2)「産業用ロボットの分類」についてそれぞれ「目次ごとの狙い」「具体的内容(作成ポイント)」「教材」「教育実施の注意」「時間」の欄を記載してから、次の (3) 構造・機能の欄に移ります。

　**第3段階**は「適用部」ですが、これは実技教育で行いますので、実技教育の仕方について、概略を説明しておけばよいと思います。10分程度でよいでしょう。

　**第4段階**は「確認部」、まとめの部分です。自分の職場に戻って何をしてもらいたいのか、宿題を出すのもよいでしょう。120分の講義のまとめになりますので、次の第2編「産業用ロボットの教示等に関する知識」の講義につながるような「締め」になるようにしてください。最後に何か質問がないか必ず確認し、あれば「感謝」「確認」「共感」という3Kで受けてから、「回答」、「確認」という質問の対応の仕方2Kで対応してください。

　具体的な指導案作成例を巻末(126頁)に添付しておきます。

## Q95 安全衛生教育の効率的な進め方についてのアドバイスが欲しい。

**A 95.** 安全衛生教育を効率的に進めるためには、安全衛生教育を生産活動の中に取り込む必要があります。企業生産活動の中心に安全衛生の概念を据えていくことを「安全文化」の構築といいますが、その手法の一つにOSHMS(安全衛生マネジメントシステム)の構築があります。安全衛生活動と生産活動を結びつけた活動で、PDCAを回し続けるのです。

　そして、安全衛生教育もそれだけで独立させるのではなく、生産活動の一環として

取り込んで行う必要があります。

　よくインストラクターが自分は一生懸命やっているのに誰も協力してくれない、と嘆いているのを聞きますが、それは安全衛生教育を生産活動と結びつきが弱い組織だからだと思います。

　安全衛生教育の必要性を安全衛生委員会で十分審議し、担当者、実施方法、実施時期等の計画を立て、実施し、確認・評価し、見直ししていくことが大切です。

　もう一つ重要なことは、安全衛生教育を人材育成の観点から捉えることが大切です。雇入れ時教育、特別教育、職長教育、インストラクター講習、ＲＳＴトレーナー教育、安全管理者選任時教育、同講師養成講座、衛生管理者受験準備教育等々を入社何年頃に経験何年頃に受けてもらう、というような人材育成のライフワークを示し頑張ってもらうことが大切です。

　目的（何のために）と目標（展望）を示し、手段（やり方、方法論）を示し、その結果企業の成果にどうつながるかを示すことで、はじめて教育効果が上がるのではないでしょうか。

　勿論、インストラクターの講義の仕方、プレゼンテーションの仕方でも効果が異なります。プレゼンテーションとはプレゼント（贈り物）することです。日本式に「つまらないものですが」は教育では通じません。受講者がもらって喜ぶものをプレゼントするのがプレゼンテーションの極意です。インストラクターは常に会社を取り巻く状況とニーズの把握とプレゼンテーションの技術を磨き日々研鑽することが大切です。

**Q96** 安全教育に対する成果と効果の確認方法を教えて欲しい（理解度チェック表等の作成は必要か？）。

**A96.** 成果を確認するためには、教育の目標（どこまで知ってもらうか、変わってもらうか、やれるようになってもらうか）を決め、次に本人の現在の能力（知識、技術、態度＝意欲等）と比べてどれくらいギャップがあるかを正確に知らなければなりません。

　そのギャップが問題点＝教育すべき事項であり、ギャップの程度によって教育の手法・手段も変わらざるを得ません。

　ギャップが分かれば、教育した効果の把握も明確になります。効果の把握ですが、

産業用ロボットの特別教育では一般に実技で実証されます。あえて理解度チェックリストの作成まではいらないと思います。

とにかく、安全に、確実に、作業規程（作業手順）に沿ってできるまで、実技の時間は人によってカリキュラムに示された時間以上必要な場合があります。不安があるまま修了証を発行してはなりません。

**【「問題点」とは、あるべき姿と現状とのギャップ】**

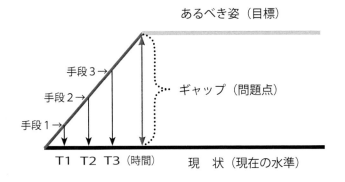

① 目標（あるべき姿）を持たないと、問題点（差）の発見ができない。
② 目標と現実の「差」を認識しないと、手段（カリキュラム、講義手法等）を誤る。
③ 目標と現実の「差」を認識しないと、成果の評価ができない。

**Q97** リフレッシュ教育は必要か？（教育の有効期間等の指針はあるか？）またこのインストラクターコースを受講した後、今後行える教育は「産業用ロボット」のみか？

**A 97.** リフレッシュ教育には安衛法第19条の2の安全管理者等に対する教育があり、これに基づいて「労働災害の防止のための業務に従事する者に対する能力向上教育に関する指針」が発出されていますが、この教育の対象となっているのは、免許、技能講習、作業主任者等の資格のある者で、特別教育やそのインストラクターは対象とはなっていません。

次に安衛法第60条の2があります。これは「危険又は有害な業務に現に就いてい

る者に対し、その従事する業務に関する安全又は衛生のための教育を行うように努めなければならない。」という規定で、これを受けて「危険又は有害な業務に現に就いている者に対する安全衛生教育に関する指針」が出されています（平元.5.22公示1号、平8.12.4公示4号）。

しかしこの指針では残念ながら、産業用ロボットの特別教育修了者に対する項目はまだありません。しかしながらこの指針には、「教育の対象者は、特別教育を必要とする業務に従事する者」があり、教育の内容は「労働災害の動向、技術革新の進展等に対応した事項」について「原則として1日」行うこと。教育方法は「講義方式、事例研究方式、討議方式等、教育の内容に応じて効果の上がる方法とする。」講師は「当該業務について最新の知識並びに教育技法についての知識及び経験を有する者とする」とも規定され、特段のカリキュラムを示していない特別教育修了者に対しても能力向上教育をすることを薦めています。

そこで、皆さん方インストラクターが中心となって、独自のカリキュラムを策定し、リフレッシュ教育をしていただければと思います。実施記録は特別教育に準じて3年以上は残してください。

なお、特別教育修了者が、産業用ロボット特別教育インストラクター講座に受講することも、能力向上教育、ブラッシュアップとなることは間違いありません。

ということで、産業用ロボットインストラクター講座修了者は、産業用ロボットの特別教育の他、能力向上教育も行えます。

ただし、他の特別教育や職長教育の講師は、この資格ではできません。

**Q98** 今後、社内で特別教育をするに当たって、現在は講師が自分1人だが、2～3人で法令・知識・実技を分けて行った方がいいのか？

**A98.** 講師は複数いた方が良いです。お互いに切磋琢磨し、より良い教育ができるからです。複数で分担して行うときは、共通の指導案を作成し、最低限部分については教育内容に漏れのないようにしてください。また実技教育は複数で行った方が一般にやりやすいです。

また、講師が複数の場合は、相互聴講研鑽を行い、常にアップツーデートを心掛けると受講する人にとっても良いと思われます。

**Q99** 現在、教育を行う際、本、パワーポイント、DVD、YouTube のビデオを使用しているが、ほかに何か有効なツールはあるか？

**A99.** 産業用ロボット特別教育インストラクター講座で各講師から配布された資料は自由に使用できます。ツールとしては質問者のいう程度で良いと思われます。なお、本書も有効なツールとなると思います。

**Q100** インストラクター用サンプル資料等はあるか？ ⇨ テンプレートがあり、それを各自の作業内容等にあわせ修正した方が、抜け等もなく合理的ではないのか？

**A100.** 残念ながら紙ベースのＰＰＴ資料だけで Word や PowerPoint などのデータファイルの資料は配付されていませんし、今のところ配布することも考えていないようです。
　「学ぶ」とは、「まねる」が字源です。習とは、幼鳥が百回以上羽ばたきの練習をしたことが字源となっています。
　インストラクター等教える者は、自ら苦労して講義資料を作成するからこそ、頭にも入り講義にも熱が入ると思います。吉田松陰など昔の人は手で書き写していたのです。紙媒体の構図やデザイン等を大いにパクるのは自由ですが、楽せずに苦労して、自分なりにさらに良い講義資料等を作成してください。

# 産業用ロボット災害事例 （一部「職場のあんぜんサイト」から引用）

## CASE 1. 産業用ロボットのモーターを取り外したところ、アーム（マニプレータ）が動き、アームの先端を支えていたジャッキ台車とともに後方に転倒、後頭部強打

### 発生状況

プレス工場内のライン間で材料を搬送する産業用ロボットのモーターが故障し、モーター単体での予備がなかったため、予備品置き場に設置されたロボットから同一型のモーターを取り外して使用することとなった。

作業者がモーター下部のボルト2本を外し、クレーンの非常停止ボタンの動作確認を行ったうえで、モーターの2箇所にワイヤーを巻き、シャックルとレバーブロックを用いてクレーンのフックに掛けた。さらに、別の作業者がクレーンを操作して巻上げを行い、ワイヤーが張った状態でクレーンを停止させた。被災者は、当該予備ロボットのアームの先端を、油圧ジャッキ式の台車を用いて支えていた。

その後、モーターを取り外していた作業者がモーター上部のボルト2本を外し、工具を用いて当該予備ロボットからモーターを引き出した。

モーターが抜けた瞬間、当該予備ロボットのアームが動き、ジャッキ台車が倒れ、ジャッキ台車を支えていた被災者は、左足が挟まった状態で後方に転倒し、床に後頭部を強打した。

### 原因

次のようなことが考えられる。
① 搬送用ロボットのL軸からモーターを取り外したことによって、L軸が自由な状態になり、さらに、ロボットに内蔵されたスプリングバランサーの作用によって、ロボットアームが前方（台車を設置していた側）に動いたこと。
② 作業指揮者であった被災者をはじめ、保全担当部署の者が特別教育未実施者で、ロボットの構造について専門知識を有しておらず、各軸におけるロボットアームの動きを正確に把握していなかったこと（安衛則第36条第32号）。
③ 搬送用ロボットのモーター交換作業における作業手順書を作成していなかったこと（安衛則第150条の5第1項第1号本文）。
④ 搬送用ロボットのモーター交換作業等の非定常作業を行わせる際の、安全衛生管理体制が徹底されていなかったこと。特にリスクアセスメントを実施する体制が整っていなかったこと（安衛法第28条の2）。

# CASE 2．自動車用バッテリーの極板組立ロボットに挟まれ死亡

### 発生状況

　災害発生当日、職長Aは、他の作業者2名とともに、キャストンと呼ばれる一定数の極板を専用の枠に入れて溶接し、バッテリーのケース（電解槽）に挿入する作業を行うロボットによる自動車バッテリーの組立作業に従事していた。

　作業を開始して約3時間経ったとき、Aはキャストンに材料を供給する装置で、極板を入れる枠が破損しているのを見つけた。

　この材料供給装置は、放射状に取り付けられた8本のアーム（マニプレータ）が回転し、アームの先端にセットされた材料が約20秒ごとにキャストンに供給されるものである。

　Aは、キャストンのスイッチを停止に切り替えずに、キャストンの周囲に設けられた安全柵の扉を開け、破損した材料を取り除こうとしたが、材料供給装置が回転し、アームとキャストンのフレームとの間にはさまれた。その後、Aは救出され、病院に搬送されたが死亡した。

　Aは、この工場に25年間勤務するベテランであったが、自動車用バッテリーの組立て作業には3カ月前に配置換えになったばかりで、この3カ月間、Aに対し組立て作業の方法、ロボット装置の取扱いに関する安全衛生教育は実施されていなかった。

　また、この工場では、自動運転中の機械装置に近づく際の手順等について、これを盛り込んだ作業手順書が作成されておらず、教育も実施されていなかった。そのため、異常発生時の復旧操作は職長任せにされていた。

### 原因

① キャストンのアームが溶接や挿入等の複雑な動きをする産業用ロボットであるという認識を誰も持っていなかったこと。

② キャストン（ロボット）の危険区域への立入防止措置が不十分であったこと。キャストンの材料供給箇所の周囲には、安全柵が設けられていたが、柵に設けられた扉を開放したときにロボットが停止するようなインターロック機構や作業者が危険を感じたときにロボットを停止させる非常停止装置は設けられていなかったこと（安衛則第150条の4）。

③ 非定常作業についての作業手順書が作成されていなかったこと。自動運転中の機械装置に異常が生じた場合等の非定常作業について、復旧作業の方法、機械装置に近づく際の手順等を盛り込んだ作業手順書が作成されておらず、実際に異常が発生したときの復旧作業は職長任せにしていた（安衛則第150条の5第1項第1号本文）。

④ 安全衛生教育が実施されていなかったこと。運転中の産業用ロボットに異常が発生したときの復旧作業に関し、事業場として作業者に対して特別教育を実施していなかったこと。さらに、新たに配置された作業者に対して、作業転換時教育も実施していなかったこと（安衛則第35条、安衛則第36条第32号）。

## CASE 3．産業用ロボットの囲いの扉が故障しているのを放置して死亡

### 発生状況

　機械部品製造業で社員の男性＝当時（30）＝が安全柵内にある工作機械が異常を示したため、安全柵内に入ってロボットに背を向けた状態で工作機械の調整作業を行っていたところ、再起動して動き出したロボットのマニプレータと工作機械のワーク台との間に上半身がはさまれた（安全柵出入り口扉のインターロック用スイッチの機能が無効にされていた状態で、安全柵内に入ったもの）。

　男性はパワーショベルの油圧部品を製造する加工機械とロボットアームの間に胸を挟まれ、窒息死した。囲いの扉は開けると、ロボットアームが停止する仕組みだったが、副部長と課長は前日夜、扉の安全装置が機能していないのを認識しながら放置していた。

　ロボットとの接触防止用の囲いの扉が故障し、稼働中のロボットアームに挟まれるなどの危険性がある状態だったにもかかわらず、扉の修理など事故防止の措置を講じなかった（放置していた）。

### 原因

① 安全囲い（柵）のインターロックが故障しているにもかかわらず、放置していたこと（安衛則第288条）。
② 稼働中の産業用ロボットの異常等の点検・検査を行う場合には、当該産業用ロボットの運転を停止しなければならないのに、停止しないまま可動範囲内で点検・修理を行ったこと（安衛則第150条の5）。
③ 当該点検業務を行う者に対して特別教育を実施していなかったこと（安衛則第36条32号）。
④ インターロックが安全確認型ではなく危険検出型であったこと。

## CASE 4. 電子複写機部品を塗装する自動機械の清掃中、装置が動いて挟まれ死亡

### 発生状況

作業者Aは、自動塗装装置の運転を担当しているが、災害発生当日は複写機の製造ラインが忙しかったので、その応援にまわり、その間、自動塗装装置を午前中は休止し、午後は課長Bが運転を担当していた。

夕方、応援に行っていたAが自分の担当する自動塗装装置のところに戻ってきたので、Bの指示により装置の清掃をAとBの2人で行うことになった。

作業の内容は、Bは自動塗装装置のスプレーガンを外して、水とアセトンで汚れの除去を、Aは自動塗装装置に材料を供給・取り出しする自動搬送台車の可動領域に立ち入り、塗装装置の下部にあるフィルターを交換した後、電気掃除機で床に落ちている塗装「カス」の吸引を行っていた。

清掃を始めて約1時間経ったとき、突然、自動搬送台車が動き出し、Aが挟まれた。Bはすぐに操作盤の電源を切り、Aを救出したが、既に死亡していた。

自動搬送台車の稼働域の手前約30cmには鎖が張られ、これを外すと塗装装置と搬送装置の電源が遮断されるようにインターロックされていた。

その機構は、鎖の一端がリレースイッチにつながっていて、鎖が張られているときは、その重量によりリレーが作動して、通電状態になるというものである。

AとBは、清掃作業に取りかかる際、作業の邪魔になる鎖は外したが、操作盤の元電源は切らなかった。Bは鎖が張られていた辺りで清掃作業を行っていたが、誤って鎖を引っ張ったため通電状態になり搬送装置が動き出したものである。

自動塗装装置の清掃作業は1週間に1度の頻度で行われていたが、電源遮断方法等の手順を盛り込んだ作業手順書は作成されていなかった。

### 原因

① 自動塗装装置の元電源を遮断しないまま清掃作業を行ったこと（安衛則第150条の5第1項本文、第1項第1号ホ）。

② インターロックの電源遮断方法が適切でなかったこと（単に鎖の重量を感知してスイッチが入るだけで、重量がなくなったことを感知してストップする、安全確認型でなかったこと）（指針4−1−3）。

③ 清掃作業についての作業手順書が1週間に1回の頻度であるにもかかわらず作成されていなかったこと（安衛則第150条の5第1項第1号本文）。

④ 非常停止装置が操作盤にのみにあり、清掃作業中の者がその場で緊急停止出来る装置を持参していなかったこと（安衛則第150条の5第1項第2号本文）。

## CASE 5．トラック製造工場において自動搬送装置の点検中に動き始めた装置に挟まれ死亡

### 発生状況

被災者は、トラックの部品加工、搬送を行う装置を取り扱うラインの責任者であった。同ラインは、トラック等大型自動車のエンジンブロックを製造するラインであった。

同ラインは、部品の製造を3段階に分けて行うもので、それぞれの段階で自動的に製品の検査、搬入、加工、搬出を自動的に行い、約30分かけて製品を仕上げるものであった。

災害発生当日、被災者達は通常どおり午後8時から自動加工運搬ラインの操業を続けていた。その後、深夜12時を過ぎた頃に運搬ラインが停止したため、被災者はラインの関係労働者とともにライン各所の点検を行った。

被災者が同僚とライン上の各運搬機のリミットスイッチを点検したところ、リミットスイッチに加工の際に発生する切り粉がかぶっているのが見つかった。そこで被災者が切り粉を除去したところ停止している運搬装置が動き始めた。この後被災者はライン全体を復帰させるために操作盤のある場所へと向かった。

その後、同僚はラインが復旧するのをしばらく待ったが動かないのを不審に思い操作盤のある場所へと向かったところ、被災者が搬送装置のエンジンブロックと柵の支柱に挟まれているのを発見した。

被災箇所には立入禁止の柵が設置されていたが、災害発生時にはこれが開放され、被災者は柵の内側にいたことがその後判明した。

なお、同運搬ラインのトラブル復旧を想定した作業手順書はなく、さらに、トラブル復旧の作業体制や手順を含めた同ラインの作業についての安全衛生教育も実施されていなかった。

### 原因

① 搬送装置それぞれが自動的に運転・停止を繰り返す構造になっていた（全体が非常停止するタイプではなかったこと）。
② それぞれの搬送装置に取り付けられた安全装置が適切なものでなかったこと（作業者が近づくと停止するタイプではなかったこと）（安衛則第150条の4）。
③ 搬送装置の移動速度は遅いものの、力が強く、挟まれる危険があるにもかかわらず、作業者に接近したときに停止する装置や音、パトランプ等による警報装置が設置されていなかったこと（安衛則第150条の4）。
④ 立入禁止の柵が設けられていたが、柵そのものが開放されたときに搬送装置が停止する等のリミットスイッチ等の機能がなかったこと（指針4－1－1）。
⑤ 自動運搬ラインにおけるトラブル復旧作業について、安全面に配慮した作業手順書がなかったこと（安衛則第150条の5第1項第1号本文）。
⑥ 点検・修理を行う者に対して特別教育を行っていなかったこと（安衛則第36条32号）。
⑦ リスクアセスメントを実施していなかったこと（安衛法第28条の2）。

# CASE 6. 産業用ロボットの可動範囲内に立ち入り、マニプレータに挟まれる

### 発生状況

　災害発生当日、被災者は、夜勤に従事し、ラインの監視を主な業務としていた。

　ブラウン管のパネル（ブラウン管のフェース部）の製造ラインは、ワークショップ内に約50mの長さで4ラインがほぼ並列に設置されていて、ラインコンベアには4m感覚で産業用ロボットが配置されていた。また、ラインコンベアには1カ所減速機が設けられている。

　布製帽子を着用した被災者は、監視中に減速機がある場所のコンベア内にパネル破片があることを発見したので、コンベアに接近し、破片を取り除いていたところ、稼働中の産業用ロボットのマニプレータと減速機の間に頭部を挟まれ死亡した。

　なお、この産業用ロボットは、マニプレータに吸着器を有し、パネルを把持してライン上をX軸（ラインを横切る方向）Y軸（ラインの流れ方向）およびZ軸（上下方向）に可動する直交座標軸型の搬送用のものであった。

### 原因

① 産業用ロボットの運転を停止しないで、産業用ロボットのマニプレータ移動の間隙をぬって可動範囲内にあるラインコンベア内のパネル破片を手で取り除いていたこと（安衛則第150条の4）。
② 稼働中の産業用ロボットのマニプレータとの接触を防止するための安全柵、囲い等が設けられていなかったこと（安衛則第150条の4）。
③ 可動範囲内に立ち入る場合に、産業用ロボットの駆動源が遮断される安全マット等もなく、運転中に可動範囲内に立ち入ることを禁止する措置もとられていなかったこと（安衛則第150条の4）。
④ 異常時に産業用ロボットの運転が緊急停止できる非常停止スイッチ等の操作が容易に行えるような位置にはなかったこと（安衛則第150条の5第1項第1号ニ）。
⑤ 運転中の産業用ロボットの可動範囲内に立ち入る場合の作業手順の作成、安全教育の実施等がされていなかったこと（安衛則第150条の5、安衛則第35条）。
⑥ 布製の帽子の着用で保護帽の着用でなかったこと。
⑥ 夜勤における1人作業の安全管理体制が不十分であったこと。
⑦ リスクアセスメントを実施していなかったこと（安衛法第28条の2）。

# 指導案の作成例
## (産業用ロボット特別教育)

| 教科目 | 教育目標 | 教育対象者 | 教育時間 | 指導講師 |
|---|---|---|---|---|
| 関係法令 | 教示作業、検査作業の特別教育の根拠、教示作業、検査作業の基本的事項を理解させる | 新規教示・検査作業予定者 15名 | 80分 実技6時間 | 白崎 淳一郎 作成者 白崎 淳一郎 |

| | 狙い | 目次・記載事項 | 目次ごとの狙い（一番伝えたいこと） | 具体的講義方法（資料説明ポイント） | 教材 | 教育実施時の注意 | 時間 |
|---|---|---|---|---|---|---|---|
| 第一段階 | 動機づけ | 自己紹介 | 簡単な経歴を伝える。 | PPTスライドで。神田申陽方式。 | PPT① | 笑顔でにこやかに、一度名乗ること。 | 8分 (2分) |
| | | 学事事項 | 概ねの講義項目、目安時間を伝える。 | PPTスライドで。 | PPT② | 笑顔でにこやかに。二度名乗ること、言い忘れない。 | (1分) |
| | | ガンマは産業用ロボットか | 産業用ロボットの定義をクイズ形式で理解させる。 | PPTスライドで。関節休憩から、発問し挙手させる。 | PPT③～⑦ | リラックスさせるように。 | (5分) |
| 第二段階 | 教育内容 | 1. 法律知識の基本 | | | | | 9分 |
| | | (1) 法令の仕組み | 憲法、法律、政令、省令、告示、指針、通達の基本的概念を理解させる。 | PPTスライドで。憲法1位、法律2位、御名御璽は何かの発問する。 | PPT⑧ | 発問で解答してくれた人にお礼を言う。 | (3分) |
| | | (2) 安衛法、施行令、安衛則等の法令の体系 | 安衛法、施行令、安衛則の法令の体系を理解させる。 | PPTスライドとテキストで。告示、指針（ガイドライン）の位置づけをテキストを示して補足説明する。 | PPT⑨ T 190, 210～213 P | 時間があれば、告示と指針の違いを発問する。 | (2分) |
| | | (3) 法律の用語 | 義務規定、努力義務規定、配慮規定の違いを説明する。 | PPTスライドで。 | PPT⑩ T 192 P | | (1分) |
| | | (4) 事業者と使用者 | 責任体制の強化によるものであることを理解させる。 | PPTスライドとテキストで。 | | | (1分) |
| | | (5) 両罰規定について | 実行行為者も処罰されることを理解させる。 | PPTスライドで。 | PPT⑪ | 6月以下の懲役又は50万円以下の罰金 | (1分) |
| | | (6) 労働者の義務 | 法第4条と26条を理解させる。 | PPTスライドで。 | PPT⑫ | | (1分) |
| | | 2. 特別教育の根拠等について | | | | | 7分 |
| | | (1) 法第59条第3項について | 法第59条第3項と安衛則第36条文を説明する。 | テキストの該当部分を輪読させた後補足説明する。 | T 198, 204 P | お礼を言う。 | (2分) |
| | | (2) 安衛則第37条について | 科目の省略により、本特別教育の一部省略をうったことを説明する。 | PPTスライドで。 | PPT⑬～⑮ | | |
| | | (3) 産業用ロボットの法令の運用について | 産業用ロボットも安衛則に規定する機械の一部であることを補足説明する。 | 昭58.6.28基発第339号をPPTで説明する。 | PPT⑯ | 教育規程が60分以上となっている（80分）ということを補足説明する。 | (2分) |
| | | (4) 合図について | 合図について一般的原則を説明する。 | | | | (1分) |
| | | (5) 安衛則第104条について | 産業用ロボットも運転中と確認等について説明する。 | テキスト206頁を通読させ補足説明する。 | T 206 P | 通読する場合は、句点ごとにアイコンタクトと間をとる。教室形式の場合は中央まで歩み出て通読する。 | (1分) |
| | | (6) 安衛則第107条について | 掃除等の運転停止等について説明する。 | | | | |
| | | (7) 安衛則第108条について | 刃部のそうじ等の運転停止について説明する。 | | | | |
| | | 3. 安衛則第36条第31号について | | | | | 15分 |
| | | ・教示作業とは(31号) | 教示作業とは何かを理解させる（シーケンス、マニプレータも合わせて）。 | PPTスライドで説明する（告示第51号合わせて）。 | PPT⑰～㉓ | | (5分) |
| | | ・可動範囲 | 可動範囲（電気ストッパー、機械ストッパー）を訳する。 | PPTスライドで説明する。 | PPT㉔～㉗ | | (5分) |
| | | ・駆動源の遮断とは | 駆動源の遮断と運転の停止の違いを説明する。 | PPTスライドで説明する。 | PPT㉘～㉛ | 分かりにくいので場合により確認をする | (5分) |
| | | 4. 安衛則第36条第32号について | | | | | 10分 |
| | | ・検査等とは | 検査作業とは何かを理解させる（条文上安衛則第150条の5の第32号と第150条の5の違いについて発問する。PPTで説明する。 | PPTで条文、司働式操作表等について説明する。 | PPT㉜ | 答えてくれた人を褒める。 | |
| | | 5. 安衛則第150条の3について | 駆動源を遮断しない場合の教示の原則を理解させる。 | PPTで条文、司働式操作表等について説明する。 | PPT㉝㉞ | | 4分 |
| | | 6. 安衛則第150条の4について | ホールド・トゥ・ラン機構等の説明を行う。 | PPT条文、補・安全囲い、インターロック機構について説明する。 | PPT㊱～㊵ | イネーブル機構も説明すること。 | 7分 |
| | | 7. 安衛則第150条の5について | ロボットの運転中の大原則を理解させる。 リスクアセスメント、ISOTSI 5066について説明する。 検査時は運転停止が基本であることを理解させる（この作業での労働災害が多いこと、安全ブラックの重要性について説明する。 | PPT条文を説明 | PPT㊶㊷ | 緊急時の単独作業の事故発生者数が多いと監視人の配置が安全であることをPPTにより強調する。 | 10分 |
| | | 8. 安衛則第151条について | 教示の対象外では月点検、年次点検の重要性も理解してもらう。 | PPTで説明 | PPT㊸ | 止める、呼ぶ、待つの原則を強調すること。 | 1分 |
| | | 9. 災害事例について | 法45条の対象外ではあるが月点検、年次点検の重要性を理解してもらう。 | テキスト271頁272頁を輪読させた後、補足説明する。 | T 271～272 P | 高価な機械であることを認識してもらう。 | 2分 |
| | | | 災害発生事例について | | | お礼を言う。 | |

※テキスト「産業用ロボットの安全必携・特別教育テキスト」中央労働災害防止協会編

# 労働安全衛生法

(安全管理者等に対する教育等)
**第19条の2**　事業者は、事業場における安全衛生の水準の向上を図るため、安全管理者、衛生管理者、安全衛生推進者、衛生推進者その他労働災害の防止のための業務に従事する者に対し、これらの者が従事する業務に関する能力の向上を図るための教育、講習等を行い、又はこれらを受ける機会を与えるように努めなければならない。
2　厚生労働大臣は、前項の教育、講習等の適切かつ有効な実施を図るため必要な指針を公表するものとする。
3　厚生労働大臣は、前項の指針に従い、事業者又はその団体に対し、必要な指導等を行うことができる。

(事業者の講ずべき措置等)
**第20条**　事業者は、次の危険を防止するため必要な措置を講じなければならない。
一　機械、器具その他の設備(以下「機械等」という。)による危険
二　爆発性の物、発火性の物、引火性の物等による危険
三　電気、熱その他のエネルギーによる危険

**第26条**　労働者は、事業者が第20条から第25条まで及び前条第1項の規定に基づき講ずる措置に応じて、必要な事項を守らなければならない。

(事業者の行うべき調査等)
**第28条の2**　事業者は、厚生労働省令で定めるところにより、建設物、設備、原材料、ガス、蒸気、粉じん等による、又は作業行動その他業務に起因する危険性又は有害性等を調査し、その結果に基づいて、この法律又はこれに基づく命令の規定による措置を講ずるほか、労働者の危険又は健康障害を防止するため必要な措置を講ずるように努めなければならない。ただし、当該調査のうち、化学物質、化学物質を含有する製剤その他の物で労働者の危険又は健康障害を生ずるおそれのあるものに係るもの以外のものについては、製造業その他厚生労働省令で定める業種に属する事業者に限る。
2　厚生労働大臣は、前条第1項及び第3項に定めるもののほか、前項の措置に関して、その適切かつ有効な実施を図るため必要な指針を公表するものとする。
3　厚生労働大臣は、前項の指針に従い、事業者又はその団体に対し、必要な指導、援助等を行うことができる。

(定期自主検査)
**第45条**　事業者は、ボイラーその他の機械等で、政令で定めるものについて、厚生労働省令で定めるところにより、定期に自主検査を行ない、及びその結果を記録しておかなければならない。
2　事業者は、前項の機械等で政令で定めるものについて同項の規定による自主検査のうち厚生労働省令で定める自主検査(以下「特定自主検査」という。)を行うときは、その使用する労働者で厚生労働省令で定める資格を有するもの又は第54条の3第1項に規定する登録を受け、他人の求めに応じて当該機械等について特定自主検査を行う者(以下「検査業者」という。)に実施させなければならない。
3　厚生労働大臣は、第1項の規定による自主検査の適切かつ有効な実施を図るため必要な自主検査指針を公表するものとする。
4　厚生労働大臣は、前項の自主検査指針を公表した場合において必要があると認めるときは、事業者若しくは検査業者又はこれらの団体に対し、当該自主検査指針に関し必要な指導等を行うことができる。

(安全衛生教育)
**第59条**　事業者は、労働者を雇い入れたときは、当該労働者に対し、厚生労働省令で定めるところにより、

その従事する業務に関する安全又は衛生のための教育を行なわなければならない。
2　前項の規定は、労働者の作業内容を変更したときについて準用する。
3　事業者は、危険又は有害な業務で、厚生労働省令で定めるものに労働者をつかせるときは、厚生労働省令で定めるところにより、当該業務に関する安全又は衛生のための特別の教育を行なわなければならない。

第60条　事業者は、その事業場の業種が政令で定めるものに該当するときは、新たに職務につくこととなった職長その他の作業中の労働者を直接指導又は監督する者（作業主任者を除く。）に対し、次の事項について、厚生労働省令で定めるところにより、安全又は衛生のための教育を行なわなければならない。
一　作業方法の決定及び労働者の配置に関すること。
二　労働者に対する指導又は監督の方法に関すること。
三　前二号に掲げるもののほか、労働災害を防止するため必要な事項で、厚生労働省令で定めるもの

第60条の2　事業者は、前二条に定めるもののほか、その事業場における安全衛生の水準の向上を図るため、危険又は有害な業務に現に就いている者に対し、その従事する業務に関する安全又は衛生のための教育を行うように努めなければならない。
2　厚生労働大臣は、前項の教育の適切かつ有効な実施を図るため必要な指針を公表するものとする。
3　厚生労働大臣は、前項の指針に従い、事業者又はその団体に対し、必要な指導等を行うことができる。

第99条　都道府県労働局長又は労働基準監督署長は、前条第1項の場合以外の場合において、労働災害発生の急迫した危険があり、かつ、緊急の必要があるときは、必要な限度において、事業者に対し、作業の全部又は一部の一時停止、建設物等の全部又は一部の使用の一時停止その他当該労働災害を防止するため必要な応急の措置を講ずることを命ずることができる。
2　都道府県労働局長又は労働基準監督署長は、前項の規定により命じた事項について必要な事項を労働者に命ずることができる。

（法令等の周知）
第101条　事業者は、この法律及びこれに基づく命令の要旨を常時各作業場の見やすい場所に掲示し、又は備え付けることその他の厚生労働省令で定める方法により、労働者に周知させなければならない。
2　産業医を選任した事業者は、その事業場における産業医の業務の内容その他の産業医の業務に関する事項で厚生労働省令で定めるものを、常時各作業場の見やすい場所に掲示し、又は備え付けることその他の厚生労働省令で定める方法により、労働者に周知させなければならない。
3　前項の規定は、第13条の2第1項に規定する者に労働者の健康管理等の全部又は一部を行わせる事業者について準用する。この場合において、前項中「周知させなければ」とあるのは、「周知させるように努めなければ」と読み替えるものとする。
4　事業者は、第57条の2第1項又は第2項の規定により通知された事項を、化学物質、化学物質を含有する製剤その他の物で当該通知された事項に係るものを取り扱う各作業場の見やすい場所に常時掲示し、又は備え付けることその他の厚生労働省令で定める方法により、当該物を取り扱う労働者に周知させなければならない。。

第119条　次の各号のいずれかに該当する者は、6月以下の懲役又は50万円以下の罰金に処する。
一　第14条、第20条から第25条まで、第25条の2第1項、第30条の3第1項若しくは第4項、第31条第1項、第31条の2、第33条第1項若しくは第2項、第34条、第35条、第38条第1項、第40条第1項、第42条、第43条、第44条第6項、第44条の2第7項、第56条第3項若しくは第4項、第57条の4第5項、第57条の5第5項、第59条第3項、第61条第1項、第65条第1項、第65条の4、第68条、第89条第5項（第89条の2第2項において準用する場合を含む。）、第97条第2項、第105条又は第108条の2第4項の規定に違反した者
二　第43条の2、第56条第5項、第88条第6項、第98条第1項又は第99条第1項の規定による命令に違反した者

三　第57条第1項の規定による表示をせず、若しくは虚偽の表示をし、又は同条第2項の規定による文書を交付せず、若しくは虚偽の文書を交付した者
四　第61条第4項の規定に基づく厚生労働省令に違反した者

**第120条**　次の各号のいずれかに該当する者は、50万円以下の罰金に処する。
一　第10条第1項、第11条第1項、第12条第1項、第13条第1項、第15条第1項、第3項若しくは第4項、第15条の2第1項、第16条第1項、第17条第1項、第18条第1項、第25条の2第2項（第30条の3第5項において準用する場合を含む。）、第26条、第30条第1項若しくは第4項、第30条の2第1項若しくは第4項、第32条第1項から第6項まで、第33条第3項、第40条第2項、第44条第5項、第44条の2第6項、第45条第1項若しくは第2項、第57条の4第1項、第59条第1項（同条第2項において準用する場合を含む。）、第61条第2項、第66条第1項から第3項まで、第66条の3、第66条の6、第66条の8の2第1項、第66条の8の4第1項、第87条第6項、第88条第1項から第4項まで、第101条第1項又は第103条第1項の規定に違反した者
二　第11条第2項（第12条第2項及び第15条の2第2項において準用する場合を含む。）、第57条の5第1項、第65条第5項、第66条第4項、第98条第2項又は第99条第2項の規定による命令又は指示に違反した者
三　第44条第4項又は第44条の2第5項の規定による表示をせず、又は虚偽の表示をした者
四　第91条第1項若しくは第2項、第94条第1項又は第96条第1項、第2項若しくは第4項の規定による立入り、検査、作業環境測定、収去若しくは検診を拒み、妨げ、若しくは忌避し、又は質問に対して陳述をせず、若しくは虚偽の陳述をした者
五　第100条第1項又は第3項の規定による報告をせず、若しくは虚偽の報告をし、又は出頭しなかつた者
六　第103条第3項の規定による帳簿の備付け若しくは保存をせず、又は同項の帳簿に虚偽の記載をした者

**第122条**　法人の代表者又は法人若しくは人の代理人、使用人その他の従業者が、その法人又は人の業務に関して、第116条、第117条、第119条又は第120条の違反行為をしたときは、行為者を罰するほか、その法人又は人に対しても、各本条の罰金刑を科する。

# 労働安全衛生規則

(危険性又は有害性等の調査)
**第24条の11** 法第28条の2第1項の危険性又は有害性等の調査は、次に掲げる時期に行うものとする。
　一　建設物を設置し、移転し、変更し、又は解体するとき。
　二　設備、原材料等を新規に採用し、又は変更するとき。
　三　作業方法又は作業手順を新規に採用し、又は変更するとき。
　四　前三号に掲げるもののほか、建設物、設備、原材料、ガス、蒸気、粉じん等による、又は作業行動その他業務に起因する危険性又は有害性等について変化が生じ、又は生ずるおそれがあるとき。
2　法第28条の2第1項ただし書の厚生労働省令で定める業種は、令第2条第1号に掲げる業種及び同条第2号に掲げる業種(製造業を除く。)とする。

**第29条**　労働者は、安全装置等について、次の事項を守らなければならない。
　一　安全装置等を取りはずし、又はその機能を失わせないこと。
　二　臨時に安全装置等を取りはずし、又はその機能を失わせる必要があるときは、あらかじめ、事業者の許可を受けること。
　三　前号の許可を受けて安全装置等を取りはずし、又はその機能を失わせたときは、その必要がなくなつた後、直ちにこれを原状に復しておくこと。
　四　安全装置等が取りはずされ、又はその機能を失つたことを発見したときは、すみやかに、その旨を事業者に申し出ること。
2　事業者は、労働者から前項第4号の規定による申出があつたときは、すみやかに、適当な措置を講じなければならない。

(特別教育を必要とする業務)
**第36条**　法第59条第3項の厚生労働省令で定める危険又は有害な業務は、次のとおりとする。
　　⋮
31　マニプレータ及び記憶装置(可変シーケンス制御装置及び固定シーケンス制御装置を含む。以下この号において同じ。)を有し、記憶装置の情報に基づきマニプレータの伸縮、屈伸、上下移動、左右移動若しくは旋回の動作又はこれらの複合動作を自動的に行うことができる機械(研究開発中のものその他厚生労働大臣が定めるものを除く。以下「産業用ロボット」という。)の可動範囲(記憶装置の情報に基づきマニプレータその他の産業用ロボットの各部の動くことができる最大の範囲をいう。以下同じ。)内において当該産業用ロボットについて行うマニプレータの動作の順序、位置若しくは速度の設定、変更若しくは確認(以下「教示等」という。)(産業用ロボットの駆動源を遮断して行うものを除く。以下この号において同じ。)又は産業用ロボットの可動範囲内において当該産業用ロボットについて教示等を行う労働者と共同して当該産業用ロボットの可動範囲外において行う当該教示等に係る機器の操作の業務
32　産業用ロボットの可動範囲内において行う当該産業用ロボットの検査、修理若しくは調整(教示等に該当するものを除く。)若しくはこれらの結果の確認(以下この号において「検査等」という。)(産業用ロボットの運転中に行うものに限る。以下この号において同じ。)又は産業用ロボットの可動範囲内において当該産業用ロボットの検査等を行う労働者と共同して当該産業用ロボットの可動範囲外において行う当該検査等に係る機器の操作の業務

(特別教育の科目の省略)
**第37条**　事業者は、法第59条第3項の特別の教育(以下「特別教育」という。)の科目の全部又は一部について十分な知識及び技能を有していると認められる労働者については、当該科目についての特別教育を省略することができる。

(特別教育の記録の保存)

第38条　事業者は、特別教育を行なつたときは、当該特別教育の受講者、科目等の記録を作成して、これを3年間保存しておかなければならない。

(法令等の周知の方法)
第98条の2　法第101条第1項及び第2項（同条第3項において準用する場合を含む。次項において同じ。）の厚生労働省令で定める方法は、第23条第3項各号に掲げる方法とする。
2　法第101条第2項の厚生労働省令で定める事項は、次のとおりとする。
　一　事業場における産業医（法第101条第3項において準用する場合にあつては、法第13条の2第1項に規定する者。以下この項において同じ。）の業務の具体的な内容
　二　産業医に対する健康相談の申出の方法
　三　産業医による労働者の心身の状態に関する情報の取扱いの方法
3　法第101条第4項の厚生労働省令で定める方法は、次に掲げる方法とする。
　一　通知された事項に係る物を取り扱う各作業場の見やすい場所に常時掲示し、又は備え付けること。
　二　書面を、通知された事項に係る物を取り扱う労働者に交付すること。
　三　磁気テープ、磁気ディスクその他これらに準ずる物に記録し、かつ、通知された事項に係る物を取り扱う各作業場に当該物を取り扱う労働者が当該記録の内容を常時確認できる機器を設置すること。

(運転開始の合図)
第104条　事業者は、機械の運転を開始する場合において、労働者に危険を及ぼすおそれのあるときは、一定の合図を定め、合図をする者を指名して、関係労働者に対し合図を行なわせなければならない。
2　労働者は、前項の合図に従わなければならない。

(切削屑の飛来等による危険の防止)
第106条　事業者は、切削屑が飛来すること等により労働者に危険を及ぼすおそれのあるときは、当該切削屑を生ずる機械に覆い又は囲いを設けなければならない。ただし、覆い又は囲いを設けることが作業の性質上困難な場合において、労働者に保護具を使用させたときは、この限りでない。
2　労働者は、前項ただし書の場合において、保護具の使用を命じられたときは、これを使用しなければならない。

(作業開始前の点検)
第136条　事業者は、プレス等を用いて作業を行うときには、その日の作業を開始する前に、次の事項について点検を行わなければならない。
　一　クラッチ及びブレーキの機能
　二　クランクシヤフト、フライホイール、スライド、コネクチングロツド及びコネクチングスクリユーのボルトのゆるみの有無
　三　一行程一停止機構、急停止機構及び非常停止装置の機能
　四　スライド又は刃物による危険を防止するための機構の機能
　五　プレス機械にあつては、金型及びボルスターの状態
　六　シヤーにあつては、刃物及びテーブルの状態

(教示等)
第150条の3　事業者は、産業用ロボットの可動範囲内において当該産業用ロボットについて教示等の作業を行うときは、当該産業用ロボットの不意の作動による危険又は当該産業用ロボットの誤操作による危険を防止するため、次の措置を講じなければならない。ただし、第1号及び第2号の措置については、産業用ロボットの駆動源を遮断して作業を行うときは、この限りでない。
　一　次の事項について規程を定め、これにより作業を行わせること。
　　イ　産業用ロボットの操作の方法及び手順
　　ロ　作業中のマニプレータの速度

ハ　複数の労働者に作業を行わせる場合における合図の方法
　　ニ　異常時における措置
　　ホ　異常時に産業用ロボツトの運転を停止した後、これを再起動させるときの措置
　　ヘ　その他産業用ロボツトの不意の作動による危険又は産業用ロボツトの誤操作による危険を防止するために必要な措置
　二　作業に従事している労働者又は当該労働者を監視する者が異常時に直ちに産業用ロボツトの運転を停止することができるようにするための措置を講ずること。
　三　作業を行つている間産業用ロボツトの起動スイツチ等に作業中である旨を表示する等作業に従事している労働者以外の者が当該起動スイツチ等を操作することを防止するための措置を講ずること。

（運転中の危険の防止）
**第150条の4**　事業者は、産業用ロボツトを運転する場合（教示等のために産業用ロボツトを運転する場合及び産業用ロボツトの運転中に次条に規定する作業を行わなければならない場合において産業用ロボツトを運転するときを除く。）において、当該産業用ロボツトに接触することにより労働者に危険が生ずるおそれのあるときは、さく又は囲いを設ける等当該危険を防止するために必要な措置を講じなければならない。

（検査等）
**第150条の5**　事業者は、産業用ロボツトの可動範囲内において当該産業用ロボツトの検査、修理、調整（教示等に該当するものを除く。）、掃除若しくは給油又はこれらの結果の確認の作業を行うときは、当該産業用ロボツトの運転を停止するとともに、当該作業を行つている間当該産業用ロボツトの起動スイツチに錠をかけ、当該産業用ロボツトの起動スイツチに作業中である旨を表示する等当該作業に従事している労働者以外の者が当該起動スイツチを操作することを防止するための措置を講じなければならない。ただし、産業用ロボツトの運転中に作業を行わなければならない場合において、当該産業用ロボツトの不意の作動による危険又は当該産業用ロボツトの誤操作による危険を防止するため、次の措置を講じたときは、この限りでない。
　一　次の事項について規程を定め、これにより作業を行わせること。
　　イ　産業用ロボツトの操作の方法及び手順
　　ロ　複数の労働者に作業を行わせる場合における合図の方法
　　ハ　異常時における措置
　　ニ　異常時に産業用ロボツトの運転を停止した後、これを再起動させるときの措置
　　ホ　その他産業用ロボツトの不意の作動による危険又は産業用ロボツトの誤操作による危険を防止するために必要な措置
　二　作業に従事している労働者又は当該労働者を監視する者が異常時に直ちに産業用ロボツトの運転を停止することができるようにするための措置を講ずること。
　三　作業を行つている間産業用ロボツトの運転状態を切り替えるためのスイツチ等に作業中である旨を表示する等作業に従事している労働者以外の者が当該スイツチ等を操作することを防止するための措置を講ずること。

（点検）
**第151条**　事業者は、産業用ロボツトの可動範囲内において当該産業用ロボツトについて教示等（産業用ロボツトの駆動源を遮断して行うものを除く。）の作業を行うときは、その作業を開始する前に、次の事項について点検し、異常を認めたときは、直ちに補修その他必要な措置を講じなければならない。
　一　外部電線の被覆又は外装の損傷の有無
　二　マニプレータの作動の異常の有無
　三　制動装置及び非常停止装置の機能

# 安全衛生特別教育規程

(産業用ロボットの教示等の業務に係る特別教育)
**第18条** 安衛則第36条第31号に掲げる業務に係る特別教育は、学科教育及び実技教育により行うものとする。
2 前項の学科教育は、次の表の上欄に掲げる科目に応じ、それぞれ、同表の中欄に掲げる範囲について同表の下欄に掲げる時間以上行うものとする。

| 科目 | 範囲 | 時間 |
| --- | --- | --- |
| 産業用ロボットに関する知識 | 産業用ロボットの種類、各部の機能及び取扱いの方法 | 2時間 |
| 産業用ロボットの教示等の作業に関する知識 | 教示等の作業の方法　教示等の作業の危険性　関連する機械等との連動の方法 | 4時間 |
| 関係法令 | 法、令及び安衛則中の関係条項 | 1時間 |

3 第1項の実技教育は、次の各号に掲げる科目について、当該各号に掲げる時間以上行うものとする。
一 産業用ロボットの操作の方法　1時間
二 産業用ロボットの教示等の作業の方法　2時間

(産業用ロボットの検査等の業務に係る特別教育)
**第19条** 安衛則第36条第32号に掲げる業務に係る特別教育は、学科教育及び実技教育により行うものとする。
2 前項の学科教育は、次の表の上欄に掲げる科目に応じ、それぞれ、同表の中欄に掲げる範囲について同表の下欄に掲げる時間以上行うものとする。

| 科目 | 範囲 | 時間 |
| --- | --- | --- |
| 産業用ロボットに関する知識 | 産業用ロボットの種類、制御方式、駆動方式、各部の構造及び機能並びに取扱いの方法　制御部品の種類及び特性 | 4時間 |
| 産業用ロボットの検査等の作業に関する知識 | 検査等の作業の方法　検査等の作業の危険性　関連する機械等との連動の方法 | 4時間 |
| 関係法令 | 法、令及び安衛則中の関係条項 | 1時間 |

3 第1号の実技教育は、次の各号に掲げる科目について、当該各号に掲げる時間以上行うものとする。
一 産業用ロボットの操作の方法　1時間
二 産業用ロボットの検査等の作業の方法　3時間

# 産業用ロボットの使用等の安全基準に関する技術上の指針

1 総則
 1-1 趣旨
　　この指針は、産業用ロボットの使用時における産業用ロボットとの接触等による災害を防止するため、産業用ロボットの選定、設置、使用等に関する留意事項について定めたものである。
 1-2 定義
　　この指針において、次の各号に掲げる用語の意義は、それぞれ当該各号に定めるところによる。
　(1) 産業用ロボット　労働安全衛生規則第36条第31号に規定する産業用ロボットをいう。
　(2) マニプレータ　人間の上肢に類似した機能を有し、次のいずれかの作業を行うことができるものをいう。
　　イ　その先端部に当たるメカニカルハンド（人間の手に相当する部分）、吸着器等により物体を把持し、空間的に移動させる作業
　　ロ　その先端部に取り付けられた塗装用スプレーガン、溶接用トーチ等の工具による塗装、溶接等の作業
　(3) 可動範囲　記憶装置の情報に基づきマニプレータその他の産業用ロボットの各部（マニプレータの先端部に取り付けられた工具を含む。）が構造上動きうる最大の範囲をいう。ただし、この構造上動きうる最大の範囲内に電気的又は機械的ストッパーがある場合は、当該ストッパーによりマニプレータその他の産業用ロボットの各部が作動できない範囲を除く。
　(4) 教示等　産業用ロボットのマニプレータの動作の順序、位置又は速度の設定、変更又は確認をいう。
　(5) 検査等　産業用ロボットの検査、修理、調整（教示等に該当するものを除く。）、掃除若しくは給油又はこれらの結果の確認をいう。
 1-3 適用除外
　　固定シーケンス型ロボットについては、この指針中2-1-2の(1)のイ及びロ並びに2-1-4の(2)のイ及びロの規定は、適用しない。

2 選定
　事業者は、産業用ロボットの選定に当たっては、次の事項について留意すること。
 2-1 構造
　　産業用ロボットの構造は、次の事項に適合するものであるとともに、設計及び計画段階において、日本工業規格B 8433（産業用ロボットの安全通則）の4に定める安全防護の措置が施されているものであること。
　2-1-1 非常停止装置
　　　異常時に直ちに運転を停止することができる装置（以下「非常停止装置」という。）が備えられていること。
　2-1-2 安全機能
　　(1) 産業用ロボットとの接触による危険を防止するため、次の機能を有すること。
　　　イ　運転状態を教示の状態に切り替えた場合に、マニプレータの作動速度が自動的に低下すること。
　　　ロ　マニプレータの出力を調整できるものにあっては、運転状態を教示の状態に切り替えた場合に、当該出力が自動的に低下すること。
　　　ハ　次の場合に、労働者に危険が生ずるおそれのない状態で自動的に運転を停止すること。
　　　　(イ) 油圧、空圧又は電圧の変動により誤作動のおそれが生じた場合
　　　　(ロ) 停電等により駆動源が遮断された場合
　　　　(ハ) 関連機器に故障が発生した場合
　　　　(ニ) 制御装置に異常が発生した場合
　　　ニ　非常停止装置又はハの機能の作動により運転を停止した場合に、人が再起動操作をしなければ

運転を開始しないこと。
　(2)　労働者等が接触することによりマニプレータに衝撃力が加わった場合に、自動的に運転を停止する機能を有することが望ましいこと。

２－１－３　把持部

把持部は、非常停止装置又は２－１－２の(1)のハの機能の作動により運転を停止する場合において、把持した物の落下又は放出により労働者に危険を及ぼすおそれがあるときは、当該把持した物を安定して把持し続けるものであること。

２－１－４　操作盤
　(1)　共通事項
　　イ　操作盤上の次の機能を有するスイッチには、当該スイッチの機能がわかりやすく表示されていること。
　　　(イ)　電源の入・切
　　　(ロ)　油圧又は空圧源の入・切
　　　(ハ)　起動・停止
　　　(ニ)　運転状態（自動、手動、教示、確認等）の切替え
　　　(ホ)　マニプレータの作動速度の設定
　　　(ヘ)　マニプレータの作動
　　　(ト)　非常停止装置の作動
　　ロ　操作しやすい位置に、赤色で、かつ、操作しやすい構造の非常停止装置用のスイッチが備えられていること。
　　ハ　非常停止装置用のスイッチの周囲には、誤操作による危険が生じるおそれのある他のスイッチが備えられていないこと。
　(2)　固定型操作盤
　　イ　自動・手動の運転状態の切替えスイッチが備えられていること。
　　ロ　教示又は確認の運転状態（手動運転状態に限る。）へ切り替えるためのスイッチを有する固定型操作盤にあっては、当該運転状態であることを示すことができるランプ等が備えられていること。
　　ハ　自動運転状態であることを示すことができるランプ等が備えられていること。
　　ニ　接地用端子が設けられていること。
　　ホ　非常停止装置用のスイッチ以外のスイッチは、作業者の意図しない接触等による産業用ロボットの不意の作動を防止するため、覆い等を備え、又は埋頭型であること。
　(3)　可搬型操作盤
　　イ　可搬型操作盤により産業用ロボットを操作している間は、当該操作盤以外の機器により当該作業用ロボットの操作（非常停止装置の操作を除く。）を行うことができない構造のものであること。
　　ロ　教示運転の状態において使用するマニプレータを作動させるためのスイッチは、当該スイッチから手を離した場合に、自動的に当該産業用ロボットが運転を停止する構造のものであること。
　　ハ　可搬型操作盤に接続する移動電線は、その損傷による危険を防止するために必要な強度及び耐摩耗性を有すること。

２－１－５　入出力端子

次の端子が設けられているものであること。
　(1)　産業用ロボットが非常停止装置又は２－１－２の(1)のハの機能の作動により運転を停止した場合に、停止状態であることを表示させるための信号及び関連機器の運転を停止させるための信号を出力することができる端子
　(2)　関連機器が故障した場合に、産業用ロボットの運転を停止させるための信号を入力することができる端子
　(3)　３－１の(5)のスイッチからの非常停止装置を作動させるための信号を入力することができる端子

２－１－６　教示等の作業性

教示等及び検査等の作業が容易に、かつ、安全に行えるものであること。

2－1－7 外面の突起部等
　　産業用ロボットの外面には、使用上必要な部分を除き、突起部、鋭い角、歯車の露出部等危険な部分がないこと。
2－1－8 駆動用シリンダーの残圧の開放
　　空気によって駆動される産業用ロボットにあっては、駆動用シリンダー内の残圧を容易に、かつ、安全に開放できる構造のものであること。
2－1－9 マニプレータの作動方向の表示
　　マニプレータの関節部等に当該マニプレータの作動方向を表示することができる産業用ロボットにあっては、その作動方向が、操作盤上の当該マニプレータを作動させるためのスイッチの表示と対応して、当該関節部等に表示されているものであること。
2－2 設置場所の環境条件への適合
　(1) 産業用ロボットの誤作動を防止するため、設置場所の温度、湿度、粉じん濃度、振動の程度等の環境条件に適合する性能を有すること。
　(2) 引火性の物の蒸気、可燃性ガス又は可燃性の粉じんが爆発の危険のある濃度に達するおそれのある場所において使用する場合にあっては、当該蒸気、ガス又は粉じんに対しその種類に応じた防爆性能を有すること。
2－3 表示
　産業用ロボットの見やすい箇所に次の事項が表示されていること。
　　イ　製造者名
　　ロ　製造年月
　　ハ　型　式
　　ニ　駆動用原動機の定格出力
2－4 取扱説明書等
　次の事項を取扱説明書等により確認すること。
　　イ　型　式
　　ロ　構造（主要な部品名を含む。）及び作動原理（制御方式、駆動方式等）
　　ハ　駆動用原動機の定格出力
　　ニ　定格可搬重量
　　ホ　自動運転中のマニプレータの先端部の最大作動速度及び教示運転中のマニプレータの先端部の作動速度
　　ヘ　マニプレータの最大の力又は力のモーメント及び教示運転中のマニプレータの力又は力のモーメント
　　ト　可動範囲
　　チ　油圧、空圧及び電圧の許容変動範囲
　　リ　騒音レベル
　　ヌ　安全機能の種類及び性能
　　ル　設置の方法及び設置時における安全上の留意事項
　　ヲ　運搬の方法及び運搬時における安全上の留意事項
　　ワ　自動運転時（起動時及び異常発生時を含む。）における安全上の留意事項
　　カ　教示等の作業の方法及び当該作業を行う場合の安全上の留意事項
　　ヨ　検査、補修、調整、掃除及び給油並びにこれらの結果の確認の作業の方法並びにこれらの作業を行う場合の安全上の留意事項（当該作業を行うために必要な作業空間の確保を含む。）
　　タ　作業開始前点検及び定期検査の項目、方法、判定基準及び実施時期

3　設置
　事業者は、産業用ロボットの設置に当たっては、次の事項について留意すること。
　3－1 配置等
　　(1) 産業用ロボットに係る作業を安全に行うために必要な作業空間が確保できるように配置すること。

(2) 固定型操作盤は、可動範囲外であって、かつ、操作者が産業用ロボットの作動を見渡せる位置に設置すること。
(3) 圧力計、油圧計その他の計器は、見やすい箇所に設けること。
(4) 電気配線及び油・空圧配管は、マニプレータ、工具等による損傷を受けるおそれのないようにすること。
(5) 非常の際に非常停止装置を有効に作動させることができるようにするため、非常停止装置用のスイッチを操作盤以外の箇所に必要に応じて設けること。
(6) 産業用ロボットが非常停止装置及び2－1－2の(1)のハの機能の作動により運転を停止したことを示すことができるランプ等を、見やすい位置に設けること。

3－2 ストッパー
ストッパーを設ける場合は、次の事項に適合するものとすること。
(1) 機械的ストッパーは、十分な強度を有すること。
(2) 電気的ストッパーの作動回路は、産業用ロボットのプログラムによる制御回路とは独立したものであること。

3－3 作動の確認
産業用ロボットを設置した場合は、当該産業用ロボットの作動、関連機器との連動状況及びストッパーの機能について異常がないことを確認すること。

4 使用
事業者は、産業用ロボットの使用に当たっては、次の措置を講ずること。

4－1 接触防止装置
運転中の産業用ロボットに労働者が接触することによる危険を防止するため、作業現場の状況、作業形態等を勘案して次のいずれかの措置又はこれらと同等以上の措置を講ずること。ただし、4－2の作業を行う場合であって、4－2の措置を講ずるときは、この限りでないこと。

4－1－1 さく又は囲い
次に定めるところにより、さく又は囲いを可動範囲の外側に設けること。
(1) 出入口以外の箇所から労働者が可動範囲内に容易に侵入できない構造とすること。
(2) 出入口を設ける場合にあっては、次のいずれかの措置を講ずること。
イ 出入口に扉等を設け、又はロープ、鎖等を張り、かつ、これらを開け、又は外した場合に非常停止装置が自動的に作動する機能（インターロック機能）を有する安全プラグ等を設置すること。
ロ 出入口に4－1－2の光線式安全装置又は安全マットを設けること。
ハ 出入口に運転中立入禁止の旨の表示を行い、かつ、労働者にその趣旨の徹底を図ること。

4－1－2 光線式安全装置
次の事項に適合する光線式安全装置を設けること。
(1) 可動範囲に労働者が接近したことを検知した場合に、非常停止装置を直ちに作動させることができること。
(2) 光軸は、労働者の可動範囲内への立入りを検知するために必要な数を有すること。
(3) 投光器から照射される光線以外の光線に受光器が感応しないようにするための措置を講ずること。

4－1－3 ロープ又は鎖
次に定めるところにより、ロープ又は鎖を可動範囲の外側に張ること。
(1) 支柱は、容易に動かないものとすること。
(2) 周囲から容易に識別できるものとすること。
(3) 見やすい位置に運転中立入禁止の旨の表示を行い、かつ、労働者にその趣旨の徹底を図ること。
(4) 出入口を定め、4－1－1の(2)のイからハまでのいずれかの措置を講ずること。

4－1－4 監視人
(1) 監視人を配置し、運転中に産業用ロボットの可動範囲内に労働者を立ち入らせないようにさせること。
(2) 監視人を可動範囲外であって、かつ、産業用ロボットの作動を見渡せる位置に配置すること。

(3) 監視人に必要な権限を与え、かつ、監視の職務に専念させること。
4－2　可動範囲内における作業に係る措置
　事業者は、教示等又は検査等の作業を可動範囲内で行う場合（可動範囲外の労働者に可動範囲内の労働者と共同して当該作業を行わせる場合を含む。）にあっては、次の措置を講ずること。ただし、駆動源を遮断して行う教示等の作業又は運転を停止して行う検査等の作業については、4－2－1及び4－2－3の規定は適用しないこと。
　4－2－1　作業規程
　　(1) 次の事項について規程を定め、これにより作業を行わせること。
　　　イ　起動方法、スイッチの取扱い方法等作業において必要となる産業用ロボットの操作の方法及び手順
　　　ロ　教示等の作業を行う場合にあっては、当該作業中のマニプレータの速度
　　　ハ　複数の労働者に作業を行わせる場合における合図の方法
　　　ニ　異常時に作業者がとるべき異常の内容に応じた措置
　　　ホ　非常停止装置等が作動し産業用ロボットの運転が停止した後、これを再起動させるために必要な異常事態の解除の確認、安全の確認等の措置
　　　ヘ　イからホまでの事項のほか産業用ロボットの不意の作動による危険又は産業用ロボットの誤操作による危険を防止するために必要な事項であって次に掲げるもの
　　　　(イ) 4－2－2及び4－2－3の措置の内容
　　　　(ロ) 作業を行う位置、姿勢等
　　　　(ハ) ノイズによる誤作動の防止対策
　　　　(ニ) 関連機器の操作者との合図の方法
　　　　(ホ) 異常の種類及び判別法
　　(2) 作業規程は、産業用ロボットの種類、設置場所、作業内容等に応じた適切なものとすること。
　　(3) 作業規程の作成に当たっては、関係労働者、メーカーの技術者、労働安全コンサルタント等の意見を求めるように努めること。
　4－2－2　操作盤への表示
　　作業中は、当該作業に従事している労働者以外の者が起動スイッチ、切替えスイッチ等を不用意に操作することを防止するため、当該スイッチ等に作業中である旨のわかりやすい表示をし、又は操作盤のカバーに施錠する等の措置を講ずること。
　4－2－3　可動範囲内で作業を行う者の安全を確保するための措置
　　可動範囲内で作業を行うときは、異常時に直ちに産業用ロボットの運転を停止することができるよう次のいずれかの措置又はこれらと同等以上の措置を講ずること。ただし、産業用ロボットの可動部分全体の作動状態を作業者が把握できない状態で作業を行う場合は、(1)の措置を講ずることが望ましいこと。
　　(1) 必要な権限を有する監視人を可動範囲外であって、かつ、産業用ロボットの作動を見渡せる位置に配置し、監視の職務に専念させ、次の事項を行わせること。
　　　イ　異常の際に直ちに非常停止装置を作動させること。
　　　ロ　作業に従事する労働者以外の者を可動範囲内に立ち入らせないようにすること。
　　(2) 非常停止装置用のスイッチを可動範囲内で作業を行う者に保持させること。
　　(3) 2－1－4の(3)のイ及びロの構造を有する可搬型操作盤を用いて作業を行わせること。
　4－2－4　教示等の作業開始前の点検
　　(1) 教示等の作業を開始する前に、次の事項について点検し、異常を認めたときは、直ちに補修その他必要な措置を講ずること。
　　　イ　外部電線の被覆又は外装の損傷の有無
　　　ロ　マニプレータの作動の異常の有無
　　　ハ　制動装置及び非常停止装置の機能
　　　ニ　配管からの空気又は油漏れの有無
　　(2) (1)のイの点検は、運転を停止して行うこと。
　　(3) (1)のロ及びハの点検は、可動範囲外で行うこと。

4－2－5　作業工具の掃除等の措置
　　　溶接ガン、塗装用ノズル等の作業工具を先端部に有する産業用ロボットであって、当該作業工具の掃除等を行う必要があるものについては、当該掃除等が自動的に行われるようにすることにより、可動範囲内へ立ち入る機会をできるだけ少なくすることが望ましいこと。
　4－2－6　残圧の開放
　　　空圧系統部分の分解、部品交換等の作業を行うときは、あらかじめ駆動用シリンダー内の残圧を開放すること。
　4－2－7　確認運転
　　　確認運転は、できる限り可動範囲外で行うこと。
　4－2－8　照度
　　　作業を安全に行うために必要な照度を保持すること。
4－3　自動運転を行うときの措置
　4－3－1　起動時の措置
　　　産業用ロボットを起動させるときは、あらかじめ次の事項を確認するとともに、一定の合図を定め、関係労働者に対し合図を行うこと。
　　　イ　可動範囲内に人がいないこと。
　　　ロ　可搬型操作盤、工具等が所定の位置にあること。
　　　ハ　産業用ロボット又は関連機器の異常を示すランプ等による表示がないこと。
　4－3－2　自動運転時及び異常発生時の措置
　　(1)　産業用ロボットの起動後、ランプ等による自動運転中であることを示す表示がなされていることを確認すること。
　　(2)　産業用ロボット又は関連機器に異常が発生した場合において、応急措置等を行うため可動範囲内に立ち入るときは、当該立入りの前に、非常停止装置を作動させる等により産業用ロボットの運転を停止させ、かつ、安全プラグを携帯し、起動スイッチに作業中である旨を表示する等当該応急措置等を行う労働者以外の者が産業用ロボットを操作することを防止するための措置を講ずること。
4－4　把持した物の飛来等の防止
　　把持した物、加工物等が飛来すること、落下すること等により労働者に危険を及ぼすおそれのあるときは、当該危険を防止するため、飛来するおそれのある物の大きさ、重量、温度、化学的性質等を勘案し、適切な防護措置を講ずること。

5　定期検査等
　　事業者は、次に定めるところにより、産業用ロボットについて定期検査等を行うこと。
　5－1　作業開始前点検
　　(1)　産業用ロボットを用いて作業を行うときは、その日の作業を開始する前に、次の事項について点検を行うこと。
　　　イ　制動装置の機能
　　　ロ　非常停止装置の機能
　　　ハ　4－1の接触防止のための設備と産業用ロボットとのインターロックの機能
　　　ニ　関連機器と産業用ロボットとのインターロックの機能
　　　ホ　外部電線、配管等の損傷の有無
　　　ヘ　供給電圧、供給油圧及び供給空圧の異常の有無
　　　ト　作動の異常の有無
　　　チ　異常音及び異常振動の有無
　　　リ　4－1の接触防止のための設備の状態
　　(2)　点検は、可能な限り可動範囲外で行うこと。
　5－2　定期検査
　　　次の事項について、産業用ロボットの設置場所、使用頻度、部品の耐久性等を勘案し、検査項目、検査方法、判定基準、実施時期等の検査基準を定め、これにより検査を行うこと。

イ　主要部品のボルトのゆるみの有無
　　　ロ　可動部分の潤滑状態その他可動部分に係る異常の有無
　　　ハ　動力伝達部分の異常の有無
　　　ニ　油圧及び空圧系統の異常の有無
　　　ホ　電気系統の異常の有無
　　　ヘ　作動の異常を検出する機能の異常の有無
　　　ト　エンコーダの異常の有無
　　　チ　サーボ系統の異常の有無
　　　リ　ストッパーの異常の有無
　　5－3　補修等
　　　作業開始前点検又は定期検査を行った場合に異常を認めたときは、直ちに補修その他必要な措置を講ずること。
　　5－4　記録
　　　定期検査又は補習等を行ったときは、その内容を記録し、3年以上保存すること。

6　教育
　　事業者は、労働安全衛生法第59条及び関係省令等に定めるところを含め、次に定めるところにより、産業用ロボットの関係業務に従事させる労働者に対し、必要な教育を実施すること。
　　6－1　教育の内容
　　　教育は、学科教育及び実技教育によって行うものとし、当該労働者が従事する作業に適した内容及び時間数とすること。
　　6－2　教育の担当者
　　　教育の担当者は、産業用ロボットに関する知識及び作業についての経験を有する者とし、必要に応じてメーカーの技術者、労働安全コンサルタント等専門知識を有する者を活用すること。
　　6－3　異常時の措置についての教育
　　　実技教育には、産業用ロボットに異常が発生した場合にとるべき措置を含めること。
　　6－4　記録
　　　教育を行ったときは、受講者、科目等教育内容について記録し、3年以上保存すること。

7　その他
　　7－1　磁気テープ等の管理
　　　(1)　事業者は、産業用ロボットの作動プログラムが記憶されている磁気テープ、フロッピーディスク、せん孔テープ等（以下「磁気テープ等」という。）又はその容器に当該プログラムの内容を表示すること等により、磁気テープ等に係る選択誤りを防止するための措置を講ずること。
　　　(2)　事業者は、ほこり、湿度、磁力線等の影響を受けることにより誤作動につながらないように磁気テープ等を管理すること。

資　料

## 労働安全衛生規則第 36 条第 31 号の規定に基づく厚生労働大臣が定める機械

(昭和 58 年 6 月 25 日)
(労働省告示第 51 号)

　労働安全衛生規則第 36 条第 31 号の規定に基づき、厚生労働大臣が定める機械を次のように定め、昭和 58 年 7 月 1 日から適用する。
　労働安全衛生規則第 36 条第 31 号の厚生労働大臣が定める機械は、次のとおりとする。
1　定格出力（駆動用原動機を 2 以上有するものにあっては、それぞれの定格出力のうち最大のもの）が 80 ワット以下の駆動用原動機を有する機械
2　固定シーケンス制御装置の情報に基づきマニプレータの伸縮、上下移動、左右移動又は旋回の動作のうちいずれか一つの動作の単調な繰り返しを行う機械
3　前 2 号に掲げる機械のほか、当該機械の構造、性能等からみて当該機械に接触することによる労働者の危険が生ずるおそれがないと厚生労働省労働基準局長が認めた機械

# 労働安全衛生規則第 36 条第 31 号の規程に基づき厚生労働大臣が定める機械を定める告示第 3 号の機械

基発第 340 号
昭和 58 年 6 月 28 日

都道府県労働基準局長　殿

労働省労働基準局長

労働安全衛生規則第 36 条第 31 号の規程に基づき、労働大臣が定める機械を定める件
（昭和 58 年労働省告示第 51 号の機械について）

　産業用ロボットに関し、労働安全衛生規則の一部が改正され、その一部は昭和 58 年 7 月 1 日より施行されることとなったことに伴い、昭和 58 年労働省告示第 51 号本則第 3 号の規定に基づき、下記に掲げる機械を「当該機械の構造、性能等からみて当該機械に接触することによる労働者の危険が生ずるおそれがないと労働省労働基準局長が認めた機械」とすることとするので、その運用に当たっては遺憾のないようにされたい。

記

1　円筒座標型の機械（極座標型又は直交座標型に該当するものを除く。）で、その可動範囲が当該機械の旋回軸を中心軸とする半径 300 ミリメートル、長さ 300 ミリメートルの円筒内に収まるもの。
2　極座標型の機械（円筒座標型又は直交座標型に該当するものを除く。）で、その可動範囲が当該機械の旋回の中心を中心とする半径 300 ミリメートルの球内に収まるもの。
3　直交座標型の機械（円筒座標型又は極座標型に該当するものを除く。）で、次のいずれかに該当するもの。
　(1)　マニプレータの先端が移動できる最大の距離が、いずれの方向にも 300 ミリメートル以下のものであること。
　(2)　固定シーケンス制御装置の情報に基づき作動する搬送用機械で、マニプレータが左右移動及び上下移動の動作のみを行い、マニプレータが上下に移動できる最大の距離が 100 ミリメートル以下のものであること。
4　円筒座標型、極座標型及び直交座標型のうちいずれか 2 以上の型に該当する機械にあっては、上記 1 から 3 までに規定する要件のうち該当する型に係る要件に全て適合するもの。
5　マニプレータの先端部が、直線運動の単調な繰り返しのみを行う機械（昭和 58 年労働省告示第 51 号本則第 2 号に該当するものを除く。）。

**【著者紹介】**

白﨑　淳一郎　Junichirou Shirasaki
一般社団法人白﨑労務安全メンタル管理センター　代表理事

1947年北海道函館生まれ。1975年福島県で労働基準監督官として採用後、福島県相馬、東京八王子・上野・足立労働基準監督署長、東京産業保健推進センター副所長など務める。2007年より中央労働災害防止協会東京安全教育センターの講師としてＲＳＴをはじめ、多くの講座で講師を担当している。

〔学会等〕日本労働法学会、日本産業精神保健学会、日本産業カウンセラー学会　等
〔資格・修了研修〕高等学校理科教員免許、産業用ロボット特別教育インストラクター養成講師（法令担当）　他

## 産業用ロボットＱ＆Ａ　１００問

2016年　5月20日　初版
2022年　10月19日　初版2刷

| 著　　　者 | 白﨑　淳一郎 |
|---|---|
| 発　行　所 | 株式会社労働新聞社 |
| | 〒173-0022　東京都板橋区仲町29-9 |
| | TEL：03-5926-6888（出版）　03-3956-3151（代表） |
| | FAX：03-5926-3180（出版）　03-3956-1611（代表） |
| | https://www.rodo.co.jp　　　pub@rodo.co.jp |
| 表　　　紙 | 尾﨑　篤史 |
| 印　　　刷 | 株式会社デジタルパブリッシングサービス |

ISBN 978-4-89761-601-8

落丁・乱丁はお取替えいたします。
本書の一部あるいは全部について著作者から文書による承諾を得ないで無断で転載・複写・複製することは、著作権法上での例外を除き禁じられています。

私たちは、働くルールに関する情報を発信し、経済社会の発展と豊かな職業生活の実現に貢献します。

## 労働新聞社の定期刊行物・書籍の御案内

## 人事・労務・経営、安全衛生の情報発信で時代をリードする

「産業界で何が起こっているか？」労働に関する知識取得にベストの参考資料が収載されています。

### 週刊 労働新聞

※タブロイド判・16ページ
※月4回発行
※購読料：税込46,200円（1年）
　　　　　税込23,100円（半年）

- 安全衛生関係も含む労働行政・労使の最新の動向を迅速に報道
- 労働諸法規の実務解説を掲載
- 個別企業の賃金事例、労務諸制度の紹介
- 職場に役立つ最新労働判例を掲載
- 読者から直接寄せられる法律相談のページを設定

安全・衛生・教育・保険の総合実務誌

### 安全スタッフ

※B5判・58ページ
※月2回（毎月1日・15日発行）
※購読料：税込46,200円（1年）
　　　　　税込23,100円（半年）

- 産業安全をめぐる行政施策、研究活動、業界団体の動向などをニュースとしていち早く報道
- 毎号の特集では安全衛生管理活動に欠かせない実務知識や実践事例、災害防止のノウハウ、法律解説、各種指針・研究報告などを専門家、企業担当者の執筆・解説と編集部取材で掲載
- 「実務相談室」では読者から寄せられた質問（人事・労務全般、社会・労働保険等に関するお問い合わせ）に担当者が直接お答えします！
- 連載には労災判例、メンタルヘルス、統計資料、読者からの寄稿・活動レポートがあって好評

### 職長の能力向上のために 第3版

職長に必要な基礎知識の再確認およびリスクアセスメントの進め方、ヒューマンエラー防止活動、また、職長としての悩み・困ったことを解決した各種優良事例を紹介したうえで、職長が部下の作業員をどのように指導・教育したらよいのかについて、わかりやすく解説しています。
ベテラン職長に対してのフォローアップ教育と能力向上のためのテキストとしてご活用ください。

【書籍】
※B5判・224ページ
※税込1,650円

上記の定期刊行物のほか、「出版物」も多数
労働新聞社　ホームページ　https://www.rodo.co.jp/

## 労働新聞社

〒173-0022 東京都板橋区仲町29-9　TEL 03-3956-3151　FAX 03-3956-1611